"ධම්මෝ හි වාසෙට්ඨා, සෙට්ඨෝ ජනේතස්මිං
දිට්ඨේ චේව ධම්මේ, අභිසම්පරායේ ච."

වාසෙට්ඨයෙනි, මෙලොවෙහි ත්, පරලොවෙහි ත්
ජනයා අතර ධර්මය ම ශ්‍රේෂ්ඨ වෙයි !

- අග්ගඤ්ඤ සූත්‍රය - භාග්‍යවත් බුදුරජාණන් වහන්සේ

නුවණ වැඩෙන බෝසත් කථා - 48
ජාතක පොත් වහන්සේ
(පකිණ්ණක නිපාතය)

පූජ්‍ය කිරිබත්ගොඩ ඤාණානන්ද ස්වාමීන් වහන්සේ

© සියලුම හිමිකම් ඇවිරිණි.
ISBN : 978-624-5524-15-0

මුද්‍රණය	:	ශ්‍රී බු.ව. 2567 පොසොන් මස (2023 ජූනි)
සම්පාදනය	:	මහමෙව්නාව භාවනා අසපුව
		වඩුවාව, යටිගල්ඔළුව, පොල්ගහවෙල.
		දුර : 037 2244602
		info@mahamevnawa.lk | www.mahamevnawa.lk
ප්‍රකාශනය	:	මහාමේඝ ප්‍රකාශකයෝ
		වඩුවාව, යටිගල්ඔළුව, පොල්ගහවෙල.
		දුර : 037 2053300, 076 8255703, 070 511 7 511
		info@mahamegha.store | www.mahamegha.store
මුද්‍රණාලය	:	තරංජී ප්‍රින්ට්ස් (ප්‍රයිවට්) ලිමිටඩ්,
		506, හයිලෙවල් පාර, නාවින්න, මහරගම.
		ටෙලි: 011-2801308 / 011-5555265

නුවණ වැඩෙන බෝසත් කථා - 48

ජාතක පොත් වහන්සේ

(පකිණ්ණක නිපාතය)

සරල සිංහල පරිවර්තනය

පූජ්‍ය කිරිබත්ගොඩ ඤාණානන්ද ස්වාමීන් වහන්සේ

ප්‍රකාශනයකි

පෙරවදන

ජාතක පොත් වහන්සේ ඔබ කියවලා ඇති. කුඩා අවධියේත්, පාසලේදීත්, සරසවියේත්, පන්සලේ බණ මඩුවේත්, වෙසක් නාඩගමේත් අපි ජාතක කථා රස වින්දෙමු. නමුත් එහි සැබෑ අරුත කුමක්දැයි තේරුම් ගන්නට අප සමත් වූ වගක් නම් නොපෙනේ.

'නුවණ වැදෙන බෝසත් කථා' නමින් ඒ ජාතක කථා ඔබේ ම භාෂාවෙන් ඔබට කියවන්නට ලැබෙන්නේ එයින් ඉස්මතු වන අරුතත් සමගිනි. මෙහි අරුත් දැන එම කථාවත් මතක තබාගෙන සත්පුරුෂ ගුණධර්ම දියුණු කරගන්නට මහන්සි ගන්නේ නම් එය ජාතක කථාවෙන් ඔබට ලැබෙන සැබෑ ම ප්‍රතිඵලය යි.

හැම දෙනාටම තෙරුවන් සරණයි!

මෙයට,
ගෞතම බුදු සසුන තුළ මෙත් සිතින්,
පූජ්‍ය කිරිබත්ගොඩ ඤාණානන්ද ස්වාමීන් වහන්සේ
ශ්‍රී බුද්ධ වර්ෂ 2560 ක් වූ වෙසක් මස 31 දා

මහමෙව්නාව භාවනා අසපුව
වඩුවාව, යටිගල්ඔළුව,
පොල්ගහවෙල.

පටුන

48. පකිණ්ණක නිපාතය

01. සාලිකේදාර ජාතකය
මාපියන්ට උවටැන් කළ
බෝසත් ගිරවාගේ කතාව

පින්වතුනේ, පින්වත් දරුවනේ,

තමා හැදූ වැඩූ මාපියන් විසින් තමන්ට කරන ලද උපකාර සිහි කොට උවටැන් කිරීම දරුවන්ගේ සත්පුරුෂ ගුණයකි. භාග්‍යවතුන් වහන්සේ විසිනුත් නිතර නිතර ප්‍රශංසා කොට වදාළ දෙයකි එය. මේ කතාවෙනුත් කියවෙන්නේ මාපිය උපස්ථානයෙහි ඇති උදාරත්වය ගැනයි.

ඒ දිනවල අපගේ භාග්‍යවතුන් වහන්සේ වැඩවාසය කොට වදාළේ සැවැත් නුවර ජේතවනයේ. එකල සැවැත් නුවර පවුලක එක ම පුත්‍රයෙක් වාසය කළා. මාපියන්ගෙන් අවසර ගෙන ඒ පුත්‍රයා පැවිදි වුණා. පුත පැවිදි වෙන කාලයේ ඔවුන්ට ධනය තිබුණා. හොඳින් ජීවත් වීමේ හැකියාවක් තිබුණා. දෙන්නා වයසට යන විට ඇතැම් ඥාතීන් ඔවුන් රවටාගෙන දේපළ පැහැර ගත්තා. ඒ දෙන්නා හොඳටම අසරණ වුණා. ඒ වෙද්දි ඒ

9

හික්ෂුව සිටියේ ඈත පළාතක. චාරිකාවේ වැඩිය හික්ෂූන් වහන්සේලා ඔහුගේ මාපියන් අසරණ ව ඉන්නා වග දැනුම් දුන්නා. හික්ෂුව වහා සැවැත් නුවරට පැමිණියා. 'අනේ මට නම් ලාමක ගිහි ජීවිතයට වැටෙන්ට බෑ ම යි. මට පුළුවන් විදිහට මාපියන්ට සලකාගෙන මහණදම් පුරා ගන්ට ඕනෑ' යි අදිටන් කරගත්තා. එදා පටන් ඒ හික්ෂුව නගරයට පිඬුසිඟා ගොස් දානය රැගෙන කෙලින්ම ගෙදර වඩිනවා. තුන් කොටසකට දානය බෙදනවා. පළමු කොටස තමා වළඳනවා. ඉතිරි දෙකොටස මාපියන්ට ද, කළ හැකි උදව්වක් ද කොට නැවත ජේතවනයට වඩිනවා. භාග්‍යවතුන් වහන්සේට මෙය දැනගන්ට ලැබුණේ ඔහු ගිහියන්ට සලකනවා ය කියලයි.

භාග්‍යවතුන් වහන්සේ ඒ හික්ෂුව කැඳවා අසා වදාලා. "හැබෑද හික්ෂුව, තොප ගිහියන් පෝෂණය කරනවා ද?" "එහෙමයි භාග්‍යවතුන් වහන්ස" "ඒ ගිහියෝ තොපගේ කවුරු ද?" "භාග්‍යවතුන් වහන්ස, ඒ මාගේ දෙමාපියෝ ය." "සාදු... සාදු... හික්ෂුව, ඉතාමත් හොඳා... පුරාණ කාලයේ හිටිය නුවණැති අය තිරිසන් ආත්මයක ඉපිද සිටියදී පවා, ගිරා යෝනියක උපත ලබා සිටියදීත්, තමාගේ මහලු ගිරා දෙමාපියන් රුක් බෙනයක රඳවාගෙන සතපවා, මුවතුඩින් ගොදුරු කවා, උවටැන් කොට තියෙනවා" යි මේ අතීත කතාව ගෙනහැර දක්වා වදාලා.

ගොඩාක් ඈත අතීතයේ රජගහ නුවර මගධරජ නම් රජෙක් රාජ්‍ය විචාරමින් සිටියා. ඒ කාලයේ රජගහ නුවර ඊසාන දිගට වෙන්ට සාළින්දිය නමින් බ්‍රාහ්මණ ගමක් තිබුණා. ඒ ගමට ඊසාන දෙසින් මගධ මහා කෙත්‍යාය දිස්වුණා. සාළින්දිය ගම්වැසි කෝසියගෝත්‍ර නමැති

එක්තරා බ්‍රාහ්මණයෙක් අමුණු භාරදහසක පමණ කුඹුරක් කරවා හැල්වී වැපිරුවා. ගොයම් වැඩීගිය පසු ස්ථිරව වැට තනා එක් අයෙකුට අමුණු දෙසීයක පමණ කොටසක් රකින්ට දුන්නා. තව අයටත් කොටස් රකින්ට දුන්නා. ඒ විදිහට අමුණු දෙදහසක පමණ කොටස තමන්ගේ සේවකයන්ට රකින්ට දුන්නා. ඉතිරි අමුණු දෙදහසේ කොටස එක් කුලීකරුවෙකුට රකින්ට දුන්නා. ඔහු මුල් කුඹුරු යාය ම පෙනෙන අයුරින් පැලක් තනා ගත්තා. දැන් රෑ දවල් දෙකේ ම ගොයම රකිනවා. ඒ කුඹුරට ඊසාන දෙසින් එක් පර්වත සානුවක විශාලෙට වැඩුණු හිඹුල් වනයක් තියෙනවා. ඒ වනයේ ගිරවුන් සියගණනින් වාසය කළා.

ඔය කාලයේ මහබෝධිසත්ත්වයෝ ඒ ගිරා පිරිසේ සිටි ගිරා රජුගේ පුත්‍රයා ව උපන්නා. ඔහු තරුණ වියට එළඹි විට ඉතා ශක්තිමත් පියකරු රුවක් ලැබුණා. කරත්තයක නැබ තරම් විශාල සිරුරක් ලැබුණා. බෝසත් ගිරවාගේ මහලු පියා "පුතේ, දැන් මට මේ ගිරා පිරිස අරගෙන දුර ඈතක යන්ට බෑ. උඹ මේ පිරිස බලාගනිම්" යි ගිරා රජකම පැවරුවා. එදා සිට බෝසත් ගිරවා මහා ගිරා රෑනත් සමග හිමාලයට පියාඹා යනවා. ගොහින් එහි විල් ඇසුරේ වැඩී ඇති ස්වයංජාත (ස්වාභාවිකව හටගත්) හැල් වනයෙන් කුස පුරා හැල්වී කා, නැවත එන විට මාපියන්ට සෑහෙන පරිදි ගොදුරුත් රැගෙන ඇවිත් මාපියන්ව පෝෂණය කරනවා.

දවසක් ගිරවෙ ඇවිත් ගිරා රජුට මෙය සැලකළා. "ඉස්සර නම් මේ කාලේ මගධ කෙත් යායේ අපුරුවට හැල්වී පැහෙනවා. දැන් කොහොමද දන්නෑ." "එහෙනම්

කෝකටත් සොයා බලව්" කියා ගිරව් දෙදෙනෙකු පිටත් කළා. ගිරව් දෙන්නා කෙත්යායට උඩින් පියාඹා ඇවිත් කුලීකරුවා රකින කෙතට බැස්සා. හැල්වී කෑවා. එක හැල්වී කරලකුත් ගෙන හිඹුල් වනයට පියාඹා ගොස් බෝසත් ගිරවාගේ පාමුල තැබුවා. "මේං... මේවා තමයි ඒ කෙතේ තියෙන හැල්වී." "ඔහ්... ඉතින් මේවා හරි අගෙයි නොවැ." යි පසුදා මුළු ගිරා රැන ම ගොහින් කෙතට බැස්සා. කුලීකාරයා එහාට මෙහාට දුවමින් ශබ්ද නගමින් ගිරවුන් පලවා හරින්ට මහන්සි ගත්තත් බැරිවුණා. ඔහු බලා සිටියදී ම අනිත් ගිරව් වී කා කිසිවක් නොගෙන පියාඹා ගියා. නමුත් එතැන උන් විශාල ම ගිරවා වී කරල මිටියකුත් රැගෙන පියාඹා ගියා. එදා පටන් ගිරා රැන ඒ කුඹුරට ඇවිත් හැල්වී කන්ට පටන් ගත්තා.

කුලීකරුවා මේ ගැන කල්පනා කළා. 'හපොයි... මෙහෙම ගියොත් නම් තව දවස් කීපයකින් අපට ගන්ට වීයක් ඉතුරු වෙන්නේ නෑ. බ්‍රාහ්මණයා අස්වැන්නේ මිල ගණන් හදා මට ගෙවාපං කියා ණය බරකුත් පටවාවි. ඉක්මනින් ම ඔහුට මේ ගිරා කරදරේ ගැන දැනුම් දෙන්ට ඕනෑ' යි හැල්වී මිටියකුත් තව තෑගිත් ගෙන බමුණා බැහැදෑක වැද එකත්පස්ව සිටියා. "හෝ... තමුසේ ආ එක හොඳා. දැන් කොහොමෙයි ගොයම? හොඳින් අඩුපාඩු නැතිව තියේ ද?" "එහෙමයි බ්‍රාහ්මණය, කුඹුර නම් යස අගේට තියෙනවා. ඒත් කියන්ට බරපතල කාරණාවකුත් තියෙනවා." යි මේ ගාථාවන් පැවසුවා.

01. පින්වතාණෙනි, තොපගෙ හැල් කෙත
    හරි අගේට පැසී තියෙනවා
    නමුත් තොපහට දැනුම් දිය යුතු

වෙනත් කරුණක් තියෙනවා
ගිරා රෑනක් අවුත් ගොයමට හිතේ හැටියට බුදිනවා
කොතෙක් වළකන්ට හැදුවත්
එවුන් යළි යළිත් එනවා

02. ඒ ගිරා රෑනේ ඉතාමත් හැඩට ගිරවෙක් ඉන්නවා
බලා ඉන්නට බැරිතරම් උෑ ඉතා ලස්සනට පේනවා
හොදට කාලා කුස පුරෝගෙන
තව මිටියකුත් ගන්නවා
තුඩින් අරගෙන යයි පියාඹා අසරණ ව මා ඉන්නවා

බ්‍රාහ්මණයා ඔහුගේ කතාව අසාගෙන සිටියා.
මහගිරවාගේ විස්තර ඇසූ ගමන් ඔහු ගැන මහත්
ස්නේහයක් උපන්නා. ගිරවාව දකින්ට ආසාවක් ඇතිවුණා.
"ඇ... ඕයි... එතකොට ඔහේට බැරි ද ඔය ගිරවා මන්දකට
අල්ලා ගන්ට? මටත් ආසයි ඒකාව බලන්ට." "පුළුවනි
පින්වතාණෙනි, මං දන්නවා මන්ද අටවන හැටි."

එතකොට බමුණා ඔහුට මේ ගාථාව කීවා.

03. හොද හැටියට තොප තොණ්ඩුව හදාගන්ට ඕනෑ
මහගිරවා හසුවන ලෙස එය තබන්ට ඕනෑ
අනතුරක් නොකොට පණපිටින්ම අල්ලන්තත් ඕනෑ
පරෙස්සමට ඒ ගිරවා මෙහි ගෙනෙන්ට ඕනෑ

එය ඇසීමෙන් කුලීකරුවා ඉතා සතුටු වුණා. 'හප්පේ...
යාන්තං ඇති. මං හිතුවේ නාස්ති වූ ගොයමට මිලක් තබා
මට ණයක් පටවාවි කියලා.' ඉතින් ඔහු මන්ද අටවන
අදහසින් පිටත් වුණා. අශ්වකෙඩිවලින් ඔතන ලද මන්දක්
හැදුවා. 'අද ගිරා රෑන එන්නේ මේ පැත්තට. මහගිරවා

මේ හරියෙන් බහින්ට ඇහැකි' යි සලකා පසුවදා හුලං වදින පැත්ත විමසා මන්ද ඇටෙව්වා. පැලට ඇවිත් ගිරවුන් එනතුරු මග බලා සිටියා. ගිරා රෑනත් සමග මහගිරවා පියාඹා ආවා. කෙතට උඩින් රවුමක් කැරකී බැසගත්තේ ම තොණ්ඩුවට පාදය හිරවන ලෙසට යි. තමා තොණ්ඩුවට හසු වූ බව ගිරා රජාට තේරුණා. 'ඉදින් දැන් මං කෑගැසුවොත් මගෙ ඥාතීන් වන මෙයාලා හය වෙලා ගොදුරු නොකා පලා යනවා' යි ඔවුන් වී කා අවසන් වන තුරු නිශ්ශබ්ද ව සිටියා. ඔවුන්ගේ කුස පිරුණු බව වැටහුණු ගමන් තමන් කරදරයට පත් වූ බව අඟවමින් මහහඬින් තුන් වරක් කෑගැසුවා. සියලු ගිරව් පලාගියා. 'අයියෝ... මේ තරම් ඉන්න මගේ නෑයන්ගෙන් මං ගැන බලන්ට කවුරුත් නෑ නොවැ. මං මේ උගුලට හසුවුණේ මොන වරදක් කළාට ද?' යි හඬමින් මේ ගාථාව කීවා.

04. අනේ මෙයාලා හොඳට කා බී ගියා නේද පැනලා
       මං කුඹුරේ තනි වුණානේ උගුලට පා බැඳිලා
       මොන වරදක් කළා ද මං ඇත මෙහි තදට බැඳිලා

කෙත රකින්නාට මහගිරවා කෑගසන හඬ ඇසුණා. ගිරා රෑනත් අහසට නැගී කෑගසන හඬ අසා පැලෙන් එළියට ඇවිත් තොණ්ඩුව ඇටවූ තැනට ගොස් බලද්දී මහගිරවා ම හසුව ඉන්නා හැටි දැක්කා. 'යසයි... මහගිරා රජාව අල්ලාගන්ට හිතාගෙන ම යි මද්ද ගැහුවේ. එයාව ම අහුවුණා නොවැ' යි මහත් සතුටට පත්වුණා. තොණ්ඩුව මුදවාගෙන පා දෙක එකට ගැටගැසුවා. සාළින්දිය ගමට ගොහින් කුඹුරු අයිතිකාර කෝසියගෝත්‍ර බ්‍රාහ්මණයාට ගිරවා දුන්නා. ගිරාරජා දුටු ගමන් බ්‍රාහ්මණයාගේ සිතේ මහත් ආදරයක් උපන්නා. "අනේ ඉතින්... මගෙ ළඟට

එන්ටකො." කියා දෝතට ගෙන තුරුළු කොට ඇකයේ වාඩි කරවාගෙන ගිරවා හා කතා කරමින් මේ ගාථාවන් කීවා.

05. ගිරා රජේ, ඔයාට අන් අයට නොමැති
මහ කුසක් තියෙනවානේ
මයෙ ගොයමට ඇවිත් ඔයා කුස පුරා ම
වී ත් ගොඩක් කනවානේ
ඒ මදිවට තව මිටියක් තුඩින් අරං යනවානේ

06. ගස් බෙනයක ගබඩාවක වී ගෙනගොස් පුරවනවද
නැතිනම් මා ගැන ඔයාට තරහ මුකුත් තියෙනවා ද
මට කියන්ට මිතුර ඔයා වී අරගෙන යන්නෙ මන්ද
වැහි කාලෙට ගන්ට සිතා කොහිවත් සඟවා තබයි ද

එය අසා ගිරා රජා මියුරු මිනිස් වදනින් බමුණා අමතා මේ ගාථාව කීවා.

07. ඔයා සමග මගේ හිතේ නෑ තරහක් ඇති වූයේ
වී ගෙන රැකගන්නට එහි අටුවක් මට නෑනේ
හිඹුල්රුකට ගොස් මං ඒ වී ණයටත් දෙනවානේ
ඒ වගේම පරණ ණයත් එයින් ගෙවනවානේ
යනවිට අරගෙන යන්ටත් නිදන් කරනවානේ

එතකොට බ්‍රාහ්මණයා ඒ ගැන විස්තර අසමින් මේ ගාථාව පැවසුවා.

08. ගිරවෝ මට කියාදෙන්ට කොහොමද ණය දෙන්නේ
ඔයා ගත්තු මොන ණයක් ද දැන් ගෙවමින් ඉන්නේ
කුමන නිධානෙ ද යන විට ඔයා අරන් යන්නේ
මේවා කියා දුන්නොත් අද නිදහස ලැබදෙන්නේ

එයට පිළිතුරු වශයෙන් ගිරවා මේ ගාථාවන් පැවසුවා.

09. තවම පියාපත් නොවැඩුණු ගිරා පුතුන් ඉන්නවා
බමුණ, එයාලට වීයෙන් ණයට කන්ට දෙනවා
මං කවනව දැන් ඔවුන්ට, මාත් මහලු වෙනවා
දැන් මං දෙන ණය එයාල පස්සේ මට දෙනවා

10. මහලු මාපියන් මාගේ රැුක් බෙනයේ ඉන්නවා
ගෙන යන වී මගේ තුඩින් එයාලටත් කවනවා
පැටිය වෙලා මා සිටි කල සැලකුව හැටි සිතනවා
පෙරළා සැලකීමෙන් මං ඒ ගත් ණය ගෙවනවා

11. තටු ගැලවී දුබල ව ගිය තව ගිරවුන් ඉන්නවා
පින් සලකා එයාලටත් වී ගෙන ගොස් කවනවා
පරලොවකට ගෙන යන්නට නිධානයක් තබනවා
නුවණැති අය නිධානයට පින ය කියා කියනවා

12. මිතුර, මගේ ණය දීමත් මේ අයුරු ය
කලින් ගත්තු ණය ගෙවීම මේ අයුරු ය
තැන්පත් කළ නිධානයත් මේ අයුරු ය
දත මැන මිතුර, මා කී දේ මේ අයුරු ය

ගිරවාගේ දහම් කතාව අසා බමුණා හොඳටම
පැහැදුණා. ඔහු මේ ගාථාව පැවසුවා.

13. මයෙ ගිරවෝ, ඔයාගෙ ගතිගුණ නම් හරිම සුන්දරයි
ඔයා ගෙවන ජීවිතයත් අපට වඩා දැහැමියි
මනුලොව සිටිනා බොහෝ මිනිසුන් අතරේවත්
ඔයා කියන මේ ගුණදම් දැකගන්නට නෑනේ

බමුණා මොනතරම් සතුටු වුණා ද යත්, අමුණු

හාරදහසක මුළු කෙත්යාය ම ගිරවුන්ට දුන්නා. තවත් දවසක කැමති වෙලාවක එහෙ ඇවිත් යන්නත් කීවා. තමන්ගේ ප්‍රිය පුතුයෙකු දෙස බලන සෙයින් බෝසත් ගිරවා දෙස මුදුසිතින් බලා, පරෙස්සමට පා ලිහා, සිනිඳු තෙල් ගල්වා, පායුග පිරිමැද්දා. සැප පහසු පුටුවක වාඩිකරවා විලඳ, මීපැණි රන් තැටියක දමා කන්ට දුන්නා. උක් සකුරු දිය කළ මිහිරි පැන් බොන්ට දුන්නා. ගිරවාත් 'අප්‍රමාදී ව පින් කරමින් වසන්ට පින්වත.' කියා අවවාද කොට මේ ගාථාව කීවා.

14. බමුණ මාත් තොප නිවසින් හොඳ හැටි කෑ බීවා
    මටත් තොපගෙ ඇසුරට දැන් සිතේ ඇල්ම ආවා
    සතුන්ට කරුණා දක්වා මහණ බමුණන්ට දන් පුදන්ට
    වයසක මාපියන් හටත් අඩු නැතිවම සලකගන්ට

බෝසත් ගිරවා බ්‍රාහ්මණයා දුන් සාරදහස් අමුණක ගොයම් කෙත පිළිගන්ට බෑ කීවා. අමුණු තිස් දෙකක කෙතක් ගිරා රැනට වැඩිත් එක්ක ඇත කීවා. එතකොට බමුණා කණුවක් සිටුවා, ඒ කුඹුර වෙන්කොට දී, ඇඳිලි බැඳ වන්දනා කොට ගිරවාට මෙය කීවා. "අනේ ස්වාමී, දැන් ඔයාගේ දෙමාපියෝ දරුදුකින් හඬ හඬා ඇති. ඉක්මනින් ගොහින් එයාලවත් අස්වසන්ට." යි පිටත් කෙරෙව්වා.

ගිරවාත් සතුටුයි. තමන්ට වෙන්කොට දුන් කුඹුරෙන් වී මිටියකුත් රැගෙන පියාඹා ගියා. "මෑණියනි, පියාණනි, මං ආවා... දැන් නැගිටින්ට." ඔවුන් කඳුළු වැගිරුණු නෙතින් හිනැහෙමින් නැගිට්ටා. එකෙණෙහි ම ගිරා පිරිස ගිරා රජු වටා රොක් වුණා. "අනේ දේවයෙනි, තොප

මේ තරම් ඉක්මනින් ම නිදහස් වුණේ කොහොමෙයි?"
එතකොට ගිරා රජා ඒ හැම විස්තරයක් ම ඔවුන්ට කීවා.
කෝසියගෝත්‍ර බ්‍රාහ්මණයාත් ගිරවා අවවාද දුන් තැන්
පටන් ශ්‍රමණ බ්‍රාහ්මණයන් උදෙසා මහදන් පැවැත්තුවා. ඒ
වග පවසමින් භාග්‍යවතුන් වහන්සේ මේ ගාථාව වදාළා.

15. ඒ කෝසිය බමුණා සතුටු සිතින් ඔද වැඩී
     කනබොන දෑ දන් පිණිසත් එක්‍රැස්කොට තැබී
     මහණ බමුණු පිරිස ගෙදර කැඳවා ගරුසරු දිදී
     පිදුවා දන් පැනින් නිතර සිත වෙනතක යා නොදී

"භික්ෂුව, මාපියන්ට උපස්ථාන කළ නුවණැත්තන්ගේ
පරම්පරා කතාව මෙසේය" කියා වදාළ භාග්‍යවතුන්
වහන්සේ චතුරාර්ය සත්‍ය ධර්මය වදාළා. මාපිය උපස්ථාන
කළ භික්ෂුව සෝවාන් ඵලයට පත්වුණා. "එදා ගිරා පිරිස
ව සිටියේ බුදුපිරිස. ගිරා මාපියන් ව සිටියේ ශාක්‍යවංශික
පියරජත් මව්දේවියත්. ගොයම් කෙත බලාගෙන කුලී
වැඩට සිටියේ අපගේ ඡන්න. කෝසියගෝත්‍ර බ්‍රාහ්මණයා
ව සිටියේ අපගේ ආනන්දයෝ. ගිරා රජ ව සිටියේ මා
ය" කියා භාග්‍යවතුන් වහන්සේ මේ සාලිකේදාර ජාතකය
නිමවා වදාළා.

02. චන්දකින්නර ජාතකය

රාහුලමාතා යශෝදරාගේ
පෙර ආත්මයක කතාව

පින්වතුනේ, පින්වත් දරුවනේ,

මෙය ඉතාම අනුවේදනීය කතාවක්. අප මහබෝධිසත්වයෝ බුදුබව පතා පෙරුම් පුරන අවදියේ මුණදෙන්ට සිදුවු ඉතා දුක්බිත අත්දැකීමක් ගැනයි මෙහි සඳහන් වන්නේ.

ඒ දිනවල අප භාග්‍යවතුන් වහන්සේ වැඩවාසය කොට වදාලේ කිඹුල්වත්පුර නිග්‍රෝධාරාමයේ. සුදොවුන් රජතුමාගේ මාලිගයෙහි රාහුලමාතා යශෝදරා පිළිබඳව ඇති වූ කතාවකි මේ ජාතකයට පාදක වූයේ.

එදා අප භාග්‍යවතුන් වහන්සේ පියරජුගේ මාලිගයට වැඩම කොට වදාලා. එහිදී බුදුන් ප්‍රමුඛ සංසයා උදෙසා දානය සකසන අතරවාරයේ සුදොවුන් පියනිරිඳුන්ට මහාධර්මපාල ජාතකය වදාලා. එය ඇසූ නිරිඳා සෝවාන් ඵලයට පත්වුණා. අනතුරුව දානය වැළඳීමෙන් පසු භාග්‍යවතුන් වහන්සේ තුල 'රාහුලමාතාවන් වසන තැන වැඩහිඳ ඇයගේ ගුණ සම්පත් ගැන හෙළිදරව් කරන්ට ඕනෑ' ය යන අදහස ඇතිවුණා. ඒ අනුව භාග්‍යවතුන්

වහන්සේ පියරජු අතට පාත්‍රය දී, සාරිපුත්ත - මොග්ගල්ලාන දැගසව්වන් වහන්සේලාත් සමග රාහුලමාතාවන් වසන තැනට වැඩම කොට වදාළා. ඒ කාලයේ රාහුලමාතාව ප්‍රධානත්වයේ තබා සතළිස් දහසක් අන්තඃපුරාංගනාවන් එහි වාසය කළා. එයිනුත් නවදහසකට අධිකව සිටියේ ක්ෂත්‍රිය රාජකන්‍යාවන්. රාහුලමාතාවට භාග්‍යවතුන් වහන්සේ එහි වඩින වග දැනගන්ට ලැබුණා. සියලු ළඳුන්ට කසාවත් පැහැගත් වත් හඳින්ට කියා දැනුම් දුන්නා. ඔවුනුත් එසේ හැඳගත්තා. ශාස්තෲන් වහන්සේ වැඩම කොට පනවන ලද අසුනෙහි වැඩහුන් පසු ඒ රාජකන්‍යාවන් සියලු දෙනා අවුත් භාග්‍යවතුන් වහන්සේ වැඳ මහා හඬින් හඬා වැලපුණා. බොහෝ සේ හඬා වැලපුණ රාහුලමාතාවෝ ශෝකදුක නිවාගෙන, ශාස්තෲන් වහන්සේට වන්දනා කොට, මහාරාජයෙකුට දක්වන ගෞරව බහුමානනයෙන් යුතුව, ඉතා යටහත් ව හිඳගත්තා.

සුදොවුන් නිරිඳා යසෝදරාවන්ගේ ගුණ කියන්ට පටන් ගත්තා. "අනේ ස්වාමීනී, මගේ මේ ලෙහෙලිය නුඹවහන්සේ කසාවත් හඳිනවා ය කියා දැනගත් දා පටන් කසාවත් පැහැයෙන් යුතු වත් ම යි හැන්දේ. මල් ආදිය පළඳින්නේ නැත කියා අසා මල් සුවඳ විලවුන් කය අසලකටවත් ගත්තේ නෑ. බිම පැදුරේ සයනය කළා. නුඹවහන්සේ පැවිදි වුණා ය කියා දැනගත් අන්‍ය රජවරු විසින් ආවාහ යෝජනා පිණිස එවන ලද තෑගි කිසිවක් දෙස නෙත් හැර බැලුවේ නෑ. නුඹවහන්සේ පිළිබඳව වෙන් නොකළ හැකි සිතින් වාසය කළා" යි නොයෙක් අයුරින් රාහුලමාතාවගේ ගුණ කීවා. එතකොට භාග්‍යවතුන් වහන්සේ මෙය වදාළා.

"මහරජ, දැන් මාගේ මේ අවසන් ආත්මභාවයේ මා පිළිබඳව වූ වෙන් නොකළ හැකි ස්නේහගත සිතින්, අන් කෙනෙකු විසින් යට නොකළ හැකි සිතින් මැය වසනවා ය යන්න පුදුමයක් නොවේ. නමුත් මහරජ, පෙර එක්තරා ආත්මයකදී තිරිසන් යෝනියේ ඉපිද සිටියදී පවා මා කෙරෙහි වෙන් නොකළ සිතින්, අන් කිසිවෙකු විසින් යට නොකළ හැකි සිතින් මැය වාසය කළා."

"අනේ ස්වාමීනී, ඒ තිරිසන්ගත ආත්මයේ පවා වෙන් නොකළ හැකි ස්නේහයෙන් වාසය කළ අයුරු පහදා දෙන සේක්වා!" යි සුදොවුන් නිරිඳා භාග්‍යවතුන් වහන්සේට ආයාචනා කළා. භාග්‍යවතුන් වහන්සේ මේ අතීත කතාව ගෙන හැර දක්වා වදාළා.

ඉතාමත් ඈත අතීතයේ බරණැස්පුර බ්‍රහ්මදත්ත නම් රජෙක් රාජ්‍ය විචාරමින් සිටින කල්හි මහබෝධිසත්වයෝ හිමාල වන පෙදෙසෙහි කිඳුරු යෝනියෙහි උපන්නා. ඔහුගේ නම චන්ද. ඔහුට චන්දා නමින් කිඳුරු බිරිඳක් සිටියා. මේ දෙන්නා වාසය කළේ චන්ද නමින් ම ඇති රිදී පැහැ ගත් පර්වතයක යි.

දවසක් බරණැස් රජ ඇමතිවරුන්ට රාජ්‍ය පවරා, තමා එක් කසාවතක් හැඳ, එක් කසාවතක් පොරවාගෙන, පංචායුධයෙන් සන්නද්ධ ව, තනිවම හිමාල වනයට වැදුණා. මුවන් දඩයම් කොට මස් කමින් වාසය කරද්දී තමා කලින් දිය නෑ එක් කුඩා නදියක් මතක් වී කන්ද උඩට නැංගා. චන්ද පර්වතයෙහි වසන කිඳුරෝ වැසි තුන් මාසයේ ම පහළට බසින්නේ නෑ. ඒ පර්වතයේ ම යි වසන්නේ. ගිම්හාන කාලයට පහළට බහිනවා. ඒ අව

රශ්මිය ඇති ගිම්හාන කාලය නිසා සඳකිඳුරාත් සිය බිරිඳ වූ සඳකිඳුරිය සමඟ පහළට බැස, වනයේ ඒ ඒ තැන්වල සුවඳ විහිදෙන මලින් කළ වත් හඳිමින්, පොරවමින්, ලතාමඬුළු මැද කෙළිදෙලෙන් වසමින්, මිහිරි නදින් ගී ගයමින් ඒ කුඩා නදිය වෙත පැමිණියා. නදියට බැස එහි දියක්‍රීඩා කොට, ගලායන දියෙහි මල් විසුරුවමින් සතුටු වෙමින් සිටියා. යළි මලින් කළ වත් හැඳ, රිදීපොටක් වන් සුදුවැලි තලාවේ මල් සයනයක් අතුරා, සඳකිඳුරා බටනළාවක් අතට ගෙන ඒ සයනයේ හිඳගත්තා. වස්දඬුරාවයෙන් මිහිරි නද පතුරුවා ගී කීවා. සඳකිඳුරාට නුදුරින් සිටි සඳකිඳුරියත් සිය කෝමල අත් ඔබ මොබ නවමින්, තාලයකට නටමින් ගී කීවා.

මියුරු නාදයෙන් යුතු ගී හඬ ඇසූ බරණැස් රජා පාහඬ නොනඟමින් රහසේ ඇවිත්, ඔවුන්ට නොපෙනෙන තැනක වනගොමුවකට මුවා වී බලාගත්වන ම උන්නා. යොවුන් අඟපසඟ ඇති, මනරම් රූසිරින් දිලෙනා, රන්වැලක් බඳුව නටනා, මිණි කිංකිණි හඬින් ගී ගයනා සඳකිඳුරිය දුටු සැණින් ම රජ මෝහනයට පත්වුණා. ඇය තමා සතු කරගැනීමේ බලවත් ආශාවක් උපන්නා. 'මං අර පිරිමි කිඳුරාව විද මරනවා. එතකොට කිඳුරියව සහේට ගන්ට මට පුළුවනි' යි සිතා සඳකිඳුරාට වේගවත් ඊ පහරක් විද්දා. ඊ පහර කෑ සඳකිඳුරා අධික වේදනාවෙන් පෙළෙමින් මේ ගාථාවන් පැවසුවා.

01. සඳා, මගේ සොඳුරී, මා -
    මැරෙන මොහොත ආවා වාගේ දැනේ
    නොනැවතී ම ගලනවානේ ලේ -
      පණ නැති වෙනවානේ මේ කයේ

අත්හරින්ට වෙනවා මයෙ දිවි -
සදා, මගේ ප්‍රාණේ නැති වෙනවා දැනේ

02. මගේ දිවිය නැති වුණා, මට මහා දුකයි
මයෙ හදවත දැවෙනවා -
අයියෝ මට කලන්තේ වගේ
මා නැති විට ඔයා ශෝක වෙන නිසා
මහදට තවත් දුකයි අනේ
අන් කරුණක් නිසා නම් නොවේ

03. රත් වූ ගලක් මතට තණකොළ දැම්මා වගේ
සිත්කළු රුකක් මුලින් සිදුණා වාගේ
ලස්සන මලක් මැලවුණා වාගේ
මා නැති විට ඔයා ශෝක වෙන නිසා
මහදට තවත් දුකයි අනේ
අන් කරුණක් නිසා නම් නොවේ

04. වැස්සට කන්දෙන් දියඇළි ගලනව වාගේ
මා නෙතින් කඳුළු කඩා හැලෙනවා
මා නැති විට ඔයා ශෝක වෙන නිසා
මහදට තවත් දුකයි අනේ
අන් කරුණක් නිසා නම් නොවේ

බෝධිසත්වයෝ මේ ගාථා කියා හඬා වැටෙමින් මල් සයනෙන් ඇදවැටුණා. සිහිය නැතිව ගොස් පෙරළී වැටුණා. රජාත් හිටිවන ම බලා ඉන්නවා. සඳකිඳුරිය දිගටම ගී කියමින් නට නටා සිටි නිසා ස්වාමියා හඬමින් කියූ දේ ඇයට ඇසුණේ නෑ. ඔහු ඊ පහර කා වැටී ඇති වග ඇ දන්නේ නෑ. එක්වර ම ඇයට සැමියා දෙස බැලුණා.

සිහිසුන් ව වැටී සිටි අයුරු දැක 'අහෝ... මගේ සැමියාට
දුකක් ද!' කියා වහා ළං වී බලද්දී ර් පහර කෑ තැනින්
නොනැවතී ම ලේ ගලනවා. තම ප්‍රිය ස්වාමිදේවයා සිහි
නැතිව වැටී සිටිනා අයුරු දැක උපන් බලවත් ශෝකය
උසුලාගත නොහැකිව මහවනය දෙවනත් කොට හඬා
වැටුණා. බරණැස් රජ සිතුවේ කිදුරා මළා ය කියලයි.
ඔහු පෙරට විත් තමාව දක්වා සිටියා. සඳකිදුරියත් ඔහුව
දැක්කා. හිස ඔසොවා ඔහු දෙස විදහාගත් නෙතින් බලා
"අයියෝ... එහෙනම් මේ සොරා තමයි මයෙ පණ විද
මැරුවේ" කියා කම්පා වී වේගයෙන් පලාගොස්, පර්වත
මුදුනේ සිට එදෙස බලා රජුට නින්දා කරමින් මේ
ගාථාවන් කීවා.

05. රාජපුත්‍රය, තා මහා පාපියෙක්
    මයෙ අසරණ හිමියාට පමණයි මං කැමති
    වනමුල සිටි මයෙ සැමියාට තා ර්‍යෙන් විද්දා
    අයියෝ මයෙ සැමියා දැන් අන්න බිම වැටිලා

06. මයෙ පණ, මයෙ සඳකිදුරා දෙස බලා ඉන්නා මට
    වාවාගන්ට බෑ මා හද, සෝක දුක උතුරනවා
    එම්බා රාජපුත්‍රය, මා හදෙහි උතුරන සෝදුක
    තගේ මවටත් ලැබේවා!

07. මයෙ පණ, මයෙ සඳකිදුරා දෙස බලා ඉන්නා මට
    වාවාගන්ට බෑ මා හද, සෝක දුක උතුරනවා
    එම්බා රාජපුත්‍රය, මා හදෙහි උතුරන සෝදුක
    තගේ බිරිඳට ලැබේවා!

08. කිසි වරදක් නැති මයෙ ආදර හිමිසඳට
    යමෙක් ර්‍යෙන් විද මරා දැම්මා ද අහෝ

රාජපුත්‍රය, ඒ තගේ මව සිය දරුවන් නොදකීවා!
ඇයට සැමියෙකු දකින්ට නොලැබේවා!

09. කිසි වරදක් නැති මයෙ ආදර හිමිසඳට
යමෙක් ඊයෙන් විද මරා දැම්මා ද අහෝ
රාජපුත්‍රය, ඒ තගේ බිරිඳ සිය දරුවන් නොදකීවා!
ඇයට සැමියෙකු දකින්ට නොලැබේවා!

මේ ගාථාවන්ගෙන් රජුට නින්දා කොට හඬ හඬා
පර්වත මුදුනේ සිටින සඳකිඳුරිය දෙස බලා රජ මේ
ගාථාව කීවා.

10. මයෙ සඳා ඔයා, නාඩා ඉන්ටකෝ ඉතින්
සිත සනසා සෝක නොකර ඉන්ටකෝ ඉතින්
වන මහනෙල් මලක් වගේ ඔය දෑස ම දිලෙනවා
මගේ බිරිඳ වෙන්ට ඔයා, අගමෙහෙසිය කරනවා
එතකොට රජකුලවමියන්ගෙන් ඔයා පිඩුම් ලබනවා

එය අසා සඳකිඳුරිය වනය දෙවනත් වන සේ
කෑගසා මෙය කීවා. "එම්බා දුෂ්ට මිනිස, තා මොනාද
මේ කියන්නේ?" යි සිංහනාද පතුරුවන්නියක සේ මේ
ගාථාව කීවා.

11. යම් පවිටෙක් කිසි වරදක් නැති මයෙ ආදර සඳට
ඊයෙන් විද මැරුවා නම්, තා ම යි ඒ පවිටා
එම්බා රජ, මං මැරෙනව මැරෙනවා ම යි
කිසිදා තගේ බිරිඳ වෙන්ට මං ජීවත් වෙන්නේ නෑ

සඳ කිඳුරියගේ තෙදවත් බස ඇසූ රජුට ඇය කෙරෙහි
ඇති ආලය දුරු වී ගියා. මේ ගාථාව පැවසුවා.

12. එම්බා බියගුළු කිඳුරිය, තී දිවි ගෙවන්ට ආසා නම්
    පලයං හිමවත ඇතුලට, එහෙට ගොහින් වසාපං
    කැලේ පතොක් ගෙඩිත්, තුවරලාත් හොඳහැටි කාපං
    ඒවම කන මුවැත්තියන් හා තනියම වසාපං

"තී හරියන්නෙ නෑ. රජගෙදරක වසන්ට තිට බෑ"
කියා ඇය ගැන සියලු අපේක්ෂා අත්හළ රජා පිටත් ව
ගියා. ඔහු හැරී ගිය බව දැන තැතිගත් සිතින් යුතු කිඳුරිය
සෙමින් කන්දෙන් පහළට බැස්සා. බෝසතුන් වැළඳ
ඔසොවාගෙන කඳු මුදුනට ගෙන ආවා. පර්වත තලාවේ
වැතිරෙව්වා. සඳකිඳුරාගේ හිස තමාගේ කලව මත
තබාගත්තා. ඇය නෙතින් වැගිරෙන කඳුළින් සඳකිඳුරාගේ
මුව තෙමී යද්දී ළයෙහි අත්ගසමින් වැලපෙමින් මේ
ගාථාවන් කීවා.

13. අනේ හැම තැන ම ගිරි කඳුරැලි ගුහා තියෙනවා
    කොහි සිට බැලුවත් දැන් මට මයෙ පණ දකින්ට නෑ
    අනේ මයෙ සඳකිඳුරෝ, ඔයා නැති ලෝකයේ
    මං දැන් කුමට සිටින්නේ!

14. කැලෑමුවන් හැසිරෙන ලස්සන තණබිම් තියෙනවා
    කොහි සිට බැලුවත් දැන් මට මයෙ පණ දකින්ට නෑ
    අනේ මයෙ සඳකිඳුරෝ, ඔයා නැති ලෝකයේ
    මං දැන් කුමට සිටින්නේ!

15. කැලෑමුවන් හැසිරෙන සොඳ මල්ඇතිරිලි තියෙනවා
    කොහි සිට බැලුවත් දැන් මට මයෙ පණ දකින්ට නෑ
    අනේ මයෙ සඳකිඳුරෝ, ඔයා නැති ලෝකයේ
    මං දැන් කුමට සිටින්නේ!

16. ගිරි මුදුනින් කඩා හැලී, මල් විසිරුණු දියේ
    පිවිතුරු නිල් පාට ඇතිව නදිය ගලා බසිනවා
    කොහි සිට බැලුවත් දැන් මට මයෙ පණ දකින්ට නෑ
    අනේ මයෙ සඳකිඳුරෝ, ඔයා නැති ලෝකයේ
    මං දැන් කුමට සිටින්නේ!

17. නිල් වන ඇති හිමාලයේ කඳු මුදුන් පෙනෙනවා
    කොහි සිට බැලුවත් දැන් මට මයෙ පණ දකින්ට නෑ
    අනේ මයෙ සඳකිඳුරෝ, ඔයා නැති ලෝකයේ
    මං දැන් කුමට සිටින්නේ!

18. හිමාලයේ රන් පැහැ කඳු මුදුන් පෙනෙනවා
    කොහි සිට බැලුවත් දැන් මට මයෙ පණ දකින්ට නෑ
    අනේ මයෙ සඳකිඳුරෝ, ඔයා නැති ලෝකයේ
    මං දැන් කුමට සිටින්නේ!

19. හිමාලයේ තඹ පැහැ කඳු මුදුන් පෙනෙනවා
    කොහි සිට බැලුවත් දැන් මට මයෙ පණ දකින්ට නෑ
    අනේ මයෙ සඳකිඳුරෝ, ඔයා නැති ලෝකයේ
    මං දැන් කුමට සිටින්නේ!

20. හිමාලයේ උසින් උසට කඳු මුදුන් පෙනෙනවා
    කොහි සිට බැලුවත් දැන් මට මයෙ පණ දකින්ට නෑ
    අනේ මයෙ සඳකිඳුරෝ, ඔයා නැති ලෝකයේ
    මං දැන් කුමට සිටින්නේ!

21. හිමාලයේ රිදී පාට කඳු මුදුන් පෙනෙනවා
    කොහි සිට බැලුවත් දැන් මට මයෙ පණ දකින්ට නෑ
    අනේ මයෙ සඳකිඳුරෝ, ඔයා නැති ලෝකයේ
    මං දැන් කුමට සිටින්නේ!

22. හිමාලයේ හරි විසිතුරු කඳු මුදුන් පෙනෙනවා
     කොහි සිට බැලුවත් දැන් මට මයෙ පණ දකින්ට නෑ
     අනේ මයෙ සඳකිඳුරෝ, ඔයා නැති ලෝකයේ
     මං දැන් කුමට සිටින්නේ!

23. දෙව් විමන් සෑදූ ගන්ධමාදන පව්වේ
     වන ඔසු පිරී තියෙනවා
     කොහි සිට බැලුවත් දැන් මට මයෙ පණ දකින්ට නෑ
     අනේ මයෙ සඳකිඳුරෝ, ඔයා නැති ලෝකයේ
     මං දැන් කුමට සිටින්නේ!

24. කිඳුරු කිඳුරියන්ගෙන් ගැවසුණු ලස්සන වනේ
     කොහි සිට බැලුවත් දැන් මට මයෙ පණ දකින්ට නෑ
     අනේ මයෙ සඳකිඳුරෝ, ඔයා නැති ලෝකයේ
     මං දැන් කුමට සිටින්නේ!

මෙසේ ඈ ගාථා කියමින් වැලපෙමින් බෝසත් කිඳුරාගේ ළයේ අත තබා බැලුවා. "අනේ... මයෙ සඳ... තවමත් පණ තියෙනවා වගේ!" කියා එකෙණෙහි ම මහහඬින් කෑ ගසා, අහස දෙස බලා අත් දිගු කළා. දෑත් දිගු කොට මෙය කීවා. "අයියෝ...! මේ ලෝකයේ දෙවිවරු නැද්ද? එසේත් නැතිනම් ඔවුන් ලෝකය දෙස නොබලා හැරී ගියාවත් ද? පව්ටෙකුගේ හී පහරින් මයෙ සඳ මැරුණා! දෙවියනි, මටත් මයෙ සඳ රැකගන්ට බැරිවුණා! එම්බා දෙවියනේ, තොප කළ දේ නම් ඉතා නපුරුයි!" කියා ශෝක වේගයෙන් හඬා වැලපෙද්දී සක් දෙවිඳුගේ අසුන උණුසුම් වුණා.

ඔහු එය විමසා බලද්දී සිය සැමියා ඇකයෙහි හොවා, අහසට දෑත් දිගු කොට හඬ හඬා දෙවියන්ට දොස් නගනා

සඳකිඳුරිය දැක්කා. බ්‍රාහ්මණයෙකුගේ වේශයෙන් වහා එතැනට පැමිණ සිය පැන් කෙණ්ඩියෙන් පැන් ගෙන සඳකිඳුරාට ඉස්සා. එකෙණෙහි ම ඔහුගේ සිරුරේ වැදි තිබූ විෂ අතුරුදහන් වුණා. ඊයකින් පහර කෑ ලකුණවත් නොපෙනෙන සේ තුවාලය සුවපත් වුණා. සුවසේ අවදි වූ ස්වාමියා දැක සතුටින් ඉපිල ගිය සඳකිඳුරිය සක් දෙවිඳුට වන්දනා කරමින් මේ ගාථාව කීවා.

25. සුපින්වත් බමුණානෙනි මම්, වඳිම් බැතියෙන් තොප
මා දිවි පුරා පෙම් වැඩූ, අසරණ මගේ හිමි සඳට
අමදියෙන් අබිසෙස් කොට, පණ ලබාදුන්නා තොප
එක්වෙන්ට ලැබුණා මට, යළි මගේ හිමි සඳ හා

එතකොට සක්දෙවිඳු ඔවුන්ට අවවාද කළා. "දරුවෙනි, මින් පස්සේ ඔයාලා සඳගිරි පව්වෙන් පහළට බැස මේ මිනිසුන් ගැවසෙන පෙදෙස්වලට එන්ට එපා. සඳගිරි පව්වේ ම වසන්ට." යි පවසා නොපෙනී ගියා. එතකොට සඳකිඳුරිය ස්වාමියාගේ අතින් අල්ලාගත්තා. "මයෙ සඳ, අපි තවත් මොටද මෙවන් අනතුරු ඇති තැන ඉන්නේ? යමු අපි සඳගිරියට." යි ඔහුත් සමග කන්දට පිටත් වුණා.

26. මයෙ සඳ, අපි යමු මල් පිපී විසිර ගිය දියඇලි
මුදුනින් ගලා බස්නා සඳගිරි පව්වට
නේක රුක් සෙවණින් හෙබි ඒ ඉසව්වේ
ප්‍රිය බසින් එකිනෙකා දකිමින් සැනසිල්ලේ වසමු

මෙය වදාළ භාග්‍යවතුන් වහන්සේ "මහරජ, එදාත් මැය මගෙන් වෙන් නොවූ සිතින් සිටියා. කිසිවෙකුටත් ඇයගේ සිත යටත් කරන්ට බැරිවුණා. එදා බරණැස් රජ

ව සිටියේ අපගේ අනුරුද්ධයෝ. සඳ කිඳුරි ව සිටියේ මේ රාහුලමාතා. සඳ කිඳුරා ව සිටියේ මා ය" කියා භාග්‍යවතුන් වහන්සේ මේ සඳකිඳුරු ජාතකය නිමවා වදාළා.

03. මහා උක්කුස ජාතකය

අවංක හිතමිතුරන් සිටීමේ වටිනාකම ගැන කතාව

පින්වතුනේ, පින්වත් දරුවනේ,

මේ ලෝකයේ අප කාටත් තනිව ජීවත් වෙන්ට අසිරුයි. හදිසි කරදරයකදී අප හා රැඳී සිටින්නේ අපට අවංකව ම හිතවත් අය පමණයි. මේ කතාවෙන් කියවෙන්නේ අවංක හිතමිතුරයන් සිටීමේ වටිනාකම ගැනයි.

ඒ දිනවල අපගේ භාග්‍යවතුන් වහන්සේ වැඩවාසය කොට වදාළේ සැවැත් නුවර ජේතවනයේ. ඒ කාලයේ සැවැත්නුවර මව්පියන් මියගිය නිවසක තරුණයෙක් තනිකඩව වාසය කළා. ඔහු මිතුරෙකු පිටත් කරවා එක්තරා කුලදුවකට මංගල යෝජනාවක් කළා. එතකොට ඇය ඒ යාළුවාගෙන් මෙය ඇසුවා. "හැබැයි මෙහෙමයි අයියණ්ඩි... ඔය කියන අයියාට හදිසියකදී උදව්වක් උපකාරයක් ඕනෑ වුණොත් සහය වෙන්ට හැකි යාළුවෝ ඉන්නවැයි?"

"අනේ නඟා... මං නම් ඒ වගක් දන්නෑ."

"එහෙනම් එයෑඹිට කියන්ට, ගෑනියක කරකාරෙට ගන්ට කලින් අවංක මිතුරන් කීපදෙනෙකු හදාගන්ට ය

කියා." යාළුවාත් ඒ ළමයා දුන් අවවාදය තනිකඩ ව වාසය කළ තරුණයාට කියා සිටියා.

එකරුණ සිතට ගත් තරුණයා පළමුව සැවැත් නුවර සිව් දොරටුවේ සිටි දොරටුපාලයන් සමග මිතුරු වුණා. ඉන් පසු ක්‍රමයෙන් නගරාරක්ෂක ඇමතියා, මහඇමතිවරු ආදීන් සමගත් මිතුරුකම් ඇතිකර ගත්තා. සෙන්පති සමගත් යුවරජු සමගත් මිතුරු වුණා. ක්‍රමයෙන් ඔවුන් හා එක්ව ගොහින් රජු සමගත් මිතුරුදමක් ගොඩනගා ගන්ට සමත් වුණා. තරුණයා එතනින් නැවතුණේ නෑ. අසුමහා ශ්‍රාවකයන් වහන්සේලා සමගත් කුලුපග වුණා. අනඳ තෙරුන් සමග කුලුපග ව සිට අප භාග්‍යවතුන් වහන්සේ සමගත් මිතුරුකමක් හදාගත්තා. භාග්‍යවතුන් වහන්සේ නිසා ඔහුට තිසරණ පන්සිල්හි පිහිටන්ටත් වාසනාව ලැබුණා. කෝසල නිරිඳුත් ඔහුට යස ඉසුරු දුන්නා. මේ නිසා මිත්තගන්ථක මාණවකයා යන නමත් ඔහුට පටබැඳුණා. එනම් මිතුරන් හදාගත් තරුණයා යන අදහස යි. රජතුමාගෙන් ඔහුට ලොකු නිවසකුත් ලැබුණා. තමන්ට අවවාද දුන් ගෑනු ළමයාව ම කරකාරෙට ගන්ට තරුණයා සමත් වුණා. මංගල උත්සවයෙන් පසු සිය බිරිඳට රජු විසින් එවන ලද තෑග්ග ඇය විසින් යුවරජුට යැව්වා. යුවරජු දුන් තෑග්ග සෙන්පතිට යැව්වා. මේ උපායෙන් මුළු සැවැත් නුවර වැසියන්ගේ ම සිත් ගන්ට ඈත් සමත් වුණා.

සත්වෙනි දවසේ දසබලයන් වහන්සේ සමග පන්සීයක් හික්ෂුන් වහන්සේලා නිවසට වඩමවාගෙන, මහා පුදසත්කාරයෙන් යුතුව බුද්ධප්‍රමුඛ සංසයාට මහා දානයක් පූජා කරගත්තා. දානයෙන් පසු භාග්‍යවතුන්

වහන්සේ විසින් වදාළ භුක්තානුමෝදනා බණ අසා නව යුවළ සෝවාන් එලයට පත්වුණා.

එදා දම්සභා මණ්ඩපයේ රැස්වූ හික්ෂූන් වහන්සේලා ඒ සිදුවීම ගැන කතා කරමින් සිටියා. 'ඇවැත්නි, මිත්තගන්ථක උපාසක තම බිරින්දෑගේ යහපත් උපදේශය අනුව කටයුතු කොට හැමෝම සමග මිතුරුකමක් ගොඩනගා ගත්තා. රජුගෙනුත් සත්කාර ලැබුවා. භාග්‍යවතුන් වහන්සේ සමගත් කුලුපග ව සිට පති-පත්නී දෙන්නා ම සෝවාන් එලයට පත්වෙන්ටත් වාසනාව ලැබුවා.'

ඒ අවස්ථාවේ භාග්‍යවතුන් වහන්සේ එතැනට වැඩම කොට වදාලා. හික්ෂූන් වහන්සේ කතාබස් කරමින් සිටි කරුණ භාග්‍යවතුන් වහන්සේට සැලකලා. භාග්‍යවතුන් වහන්සේ මෙය වදාලා. "මහණෙනි, ඔය තරුණයා බිරිඳගේ යහපත් උපදෙස් අසා මහත් යසඉසුරු ලැබුවේ මේ ආත්මයේ විතරක් නොවේ. පෙර තිරිසන් ආත්මයක ඉපදී සිටියදීත් ඔය තැනැත්තියගේ ම යහපත් ඔවදන් අසා වෙනත් බොහෝ සතුන් හා කුලුපග ව සිට පුතු ශෝකයෙනුත් නිදහස් වෙන්ට ලැබුණා" කියා මේ අතීත කතාව ගෙන හැර දක්වා වදාලා.

ගොඩාක් ඈත අතීතයේ බරණැස් පුර බ්‍රහ්මදත්ත නම් රජෙක් රාජ්‍ය විචාරමින් සිටියා. ඒ කාලයේ පිටිසර පළාතක සිටි මිනිසුන් සමුහයක් යම් යම් තැනක බොහෝ මස් ලැබේ නම්, ඒ ඒ තැන ගම් පිහිටුවාගෙන, වන වැදී මුවන් ආදි සතුන් මරා, මස් ගෙනවුත් අඹුදරුවන් හා ජීවත් වුණා. ඔවුන්ගේ ගමට නුදුරින් ඉබේ හැදුණු මහා

විලක් තියෙනවා. එයට දකුණු පසින් එක් උකුස්සෙක් වාසය කළා. පොකුණට බටහිරින් උකුසු දෙනක් වාසය කළා. පොකුණට උතුරුපසින් සිංහරාජයෙක් වාසය කළා. නැගෙනහිර පසින් රාජාලියෙක් වාසය කළා. ඒ මහා විල මැද උස්බිමක් තියෙනවා. එහි එක් ඉබ්බෙකුත් වාසය කළා.

දවසක් උකුස්සා උකුසු ධේනුවට තමාගේ බිරිඳ වෙන්ට ආස නැද්ද? යි යෝජනාවක් කළා. "ඕහ්... එහෙම කොහොමෙයි එක්වරට ම හා ය කියන්නේ? ඔහේට යාළ මිතුරෝ කවුරුත් ඉන්නවැයි?" "එහෙම කියන්ට තරම් යාළුවෙක් නෑ. මං ඉතින් තනිකඩයා නොවැ." "එහෙම බෑ. යාළ මිතුරින් නැති අයට මං කැමති නෑ. හදිසි දුකක් කරදරයක් වූ විට උපකාරයක් ගන්ට යාළ මිතුරන් ඉන්ට ඕනෑම නෙවෙද? ඇහැකි නම් මාව ගන්ට කලියෙං යාළුවො ටිකක් හදාගන්ට."

"ඉතින් කා එක්ක ද සොඳුරී, මා මිතුරුකමක් හදා ගන්නේ?" "හැයි... විලට නැගෙනහිරින් මහා රාජාලියෙක් ඉන්නවා. උතුරට වෙන්ට සිංහරාජයෙක් ඉන්නවා. ඇයි විල මැද්දේ ඉබ්බෙකුත් ඉන්නේ. ඒ අය හා කුලුපග වෙන්ට ඇහැකි නොවැ."

උකුස්සා ඇයගේ වචනය හිතට ගත්තා. නොබෝ කලකින් ඒ සියලු සතුන් හා කුලුපග වුණා. ඊට පස්සේ උකුස්සා උකුසු ධේනුව තම කැදැල්ලට කැන්දන් ආවා. ඒ විලේ ම පොඩි දූපතක කොළොම් ගසක් තියෙනවා. ඒ දූපත ජලයෙන් වට ව ඇති නිසා ඒ ගසෙහි කූඩුවක් තනාගෙන දෙන්නා ම එහි වාසයට ගියා. කලක් යනවිට

ඔවුන්ගේ කැදැල්ලට උකුසු පැටව් දෙන්නෙකුත් එකතු වුණා. ඔවුන්ට තවම පියාපත් හැදිලත් නෑ. දවසක් ඒ ගම්වැසියෝ දඩයම් ගොහින් කිසිවක් නොලැබ 'හිස් අතින් ගෙදර යන්නත් බෑ. විලට ගොහින් මාළුන් හෝ ඉබ්බන් හෝ අල්ලමු' යි කතා වී විලට බැස කොළොම් ගස පිහිටා තිබූ කුඩා දූපතට ගොඩවුණා. කොළොම් ගස මුලට ඇවිත් වාඩිගත්තා. එතකොට මදුරුවෝ හාත්පසින් ඔවුන් වටකොට වසාගත්තා.

"හපොයි...! මෙතන මහමදුරු කරදරයක්. දුම් ගසාපං" යි ගිනි උපදවා දුම් ගැසුවා. උඩට නැගි දුම් සැර වැදුණු උකුසු පැටව් කෑගසන්ට පටන් ගත්තා. "අඩේ බොලේ... උකුසු පැටවුන්ගේ හඬක් ඇහෙනවා. නැගිටපං. හුළඅත්තක් බැදගං. බඩගින්නේ බුදියන්ට බෑ. උකුසු මසුත් කාල හිටං බුදියමු." යි ගිනි දල්වා හුළ අත්තක් හදාගත්තා. උකුසු ඬෙනුවට මිනිසුන්ගේ කලබලය ඇසුණා. 'හපොයි... අපේ පැටව් කන්ටයි මේකුන්ගේ සූදානම. අනේ ස්වාමී, මේ වගේ භයක් ආ විට උපකාර ගන්ට නොවැ මිතුරන් හදාගත්තේ. රාජාලියාට ගොහින් කියන්ට අපේ දරුවන් කරදරේක වැටිලා කියා." යි දන්වමින් මේ ගාථාව කීවා.

01. උකුසු සාමි, අර බලන්ටකෝ ගමේ උන් එකතු වෙලා
     මේ දූපතට ඇවිත් හුළ අතු බැදගෙන ගිනි අවුලා
     මයෙ දරුවන් කන්ටයි සූදානම, ඊටකලින් පිටත්වෙලා
     අපට වූ දුක කියන්ට හනික රාජාලියා හමු වෙලා

එතකොට උකුස්සා රාජාලියාගේ වාසස්ථානයට වේගයෙන් පියාඔා ගියා. තමන් පැමිණි වග දන්වා මහත් කලබලයෙන් යුතුව රාජාලියාට වැද මෙය කීවා.

02. සියලු කුරුල්ලන් අතුරෙන් තොපයි උතුම් පක්ෂියා
    රාජාලිය, සරණ සොයා මං ආවා තොප කරා
    වැද්දෝ ඇවිත් අපෙ දරුවන් කන්ට බලාගෙන
    හුළ අතු දල්වා ඇවිදින් දැන් මහ සූදානම
    අනේ අපිට පිහිට වෙන්ට
    මං ආවෙ ඒ උදව්ව ඉල්ලාගන්ටයි

එතකොට රාජාලියා උකුස්සාට මෙය කීවා. 'හරි හරි උකුස්සෝ... හය ගන්ට කාරි නෑ. මං ඉන්නවා නොවැ.' යි මේ ගාථාව පැවසුවා.

03. උකුසු සගය, නුවණැති අය -
        කාලෙ අකාලේ නොබලා
    තමන්ට යහපතක් පිණිස උදව් කරාවිය සිතා
    හිතමිතුරන් හදාගන්නවා
    එනිසා මං තොපට උදව් කරනවා
    කළයුතු දේ තියෙන විටදි
    හොඳ අය හොඳ අයට පිහිට වෙනවා නොවැ

මෙය කියා රාජාලියා විස්තර ඇහුවා. "යාළුවා, ඒ වැද්දෝ කොයි රැකට ද ගොඩවී ඉන්නේ?" "නෑ... තවම නැග්ගේ නෑ. දැන් ඒකුන් හුළඅතු බඳිනවා." "හෝ... එහෙනම් ඔබ හනික ගොහින් අප මිතුරී උකුස්සිව අස්වසන්ට. මං එනවා ය කියාත් කියන්ට." එතකොට උකුස්සා වහා පිටත් ව ගියා.

රාජාලියාත් ගොහින් කොළොම් රැකට වැද්දන් නගිනතුරු බලමින් වෙනත් රැක් මුදුනක සිටියා. එක් වැද්දෙක් ගසට නගින්ට පටන් ගත් විට, රාජාලියා විලට බැස අත්තටුවලිනුත් මුවතුඩිනුත් ජලය ගෙනවිත් හුළ

අත්ත මතට අතෑරියා. හුළඅත්ත නිවුණා. එතකොට වැද්දෝ මේ උකුස්සාගේ පැටව් කනවා ම යි කියා කෑගසා නැවතත් හුළඅත්තක් අවුලාගෙන ගසට නැග්ගා. ඒ වතාවෙත් රාජාලියා ජලය විද්දා. මේ උපායෙන් ඔවුන් බදින බදින හුළඅතු නිවන්ට රාජාලියා සමත් වුණා. මේ වැඩේ නිසා මැදියම් රැය ගෙවී ගියා. රාජාලියා අධික වෙහෙසට පත්වුණා. ඔහුගේ කුසට යටින් ඇති පෙණහලු මස තුනී නිසා දෑස් රතු වුණා.

උකුස්සී ආයෙමත් උකුස්සා ඇමතුවා. ''අනේ අර බලන්ට ස්වාමී, අපේ රාජාලියාට ගොඩාක් අමාරුයි. අනේ එයෑයිට විවේක ගන්ට දෙන්ට. ඔයා හනික ගොහින් අප මිතුරු ඉබ්බාටවත් කියන්ටකෝ.'' එතකොට උකුස්සා වහා රාජාලියා වෙත ගොස් තුති පුදා මේ ගාථාව කීවා.

04. අනේ ස්වාමී, අනුකම්පා ඇතියෙක් -
උතුම් දෙයක් කරන්ට ඇති විට
හොඳ අයෙකු විසින් හොඳ අයෙකුට කළයුතු දේ
අනේ තොප ඉහළින් ම කළා
තමන්ගේත් දිවි රැකගනු මැන -
ගින්නට අහුවෙන්ට එපා
තොප ජීවත් වුණොත් තමයි
අපේ දරුවන් දකින්ට ලැබෙන්නේ

උකුස්සාගේ වචනය ඇසූ රාජාලියා මේ ගාථාවෙන් පිළිතුරු දුන්නා.

05. උකුසු සගය, තොප රකින්ට
මං කැප ව සිටින මේ මොහොතේ
මා මැරුණත් සිතට හයක් නෑ

සතුටක් ම යි තියෙන්නේ සිතේ
ඇතැම් යාළුවෝ මිතුරන්ගේ සෙත සදා
තමන්ගෙ පණ අත්හරිනවා අහලා නැද්ද
යහපත් අය ලොව කවදත් එවැනි දේ කරනවා

භාග්‍යවතුන් වහන්සේ එදා මිතුරන්ගේ යහපත
වෙනුවෙන් සිය දිවි කැප කළ රාජාලියාට පසසමින් මෙය
වදාළා.

06. අහසෙ පියාඹන ඒ මිතුරු රාජාලියා එදා
සිය මිතුරාගේ පුතුන් රැකගන්ට ඕනෑ කියා
අදරයක් පුරා විල් දිය තවුවලින් ඇද්දා
ඉතාම දුෂ්කර වුවක් කළා සිය මිතුරුකම හින්දා

"අනේ රාජාලියාණෙනි, තමුන්නාන්සේ ටිකක් විවේක
ගන්ට. මං ගොහින් අපේ ඉබි යාළුවාට කියන්නම්" යි
උකුස්සා ඔහු වෙත ගියා. "මිතුර කැස්බ, මයෙ දරුවන්ට මහ
විපැත්තියක් වෙන්ටයි යන්නේ. වැද්දෝ ඇවිත් මරන්ටයි
සූදානම. අපේ රාජාලියා හැන්දෑවේ ආ වෙලාවේ පටන්
මහරෑ ගෙවෙනතුරු එය වළක්වන්ට උත්සාහ ගත්තා.
දැන් එයැයිටත් අමාරුයි. මං ඔහේ ළඟට ආවේ පිහිටක්
ගන්ටයි." යි මේ ගාථාව කීවා.

07. දියෙහි සිටින කැස්බ මිතුර, මහ විපතක් වුණා අපට
වැටුණා නොවැ මයෙ දරුවන් මහ කරදරයකට
ධනයෙන් හා යසසින් පිරිහුණත් ඇතැම්විට
මිතුරෙක් වෙනවානෙ පිහිට සිය මිතුරාහට
අනේ මිතුර මේ වෙලාවේ එනු මැන පිහිටට

එය ඇසූ ඉදිබුවා භය වෙන්ට එපා ය කියා මේ

ගාථාවෙන් පිළිතුරු දුන්නා.

08. උකුසු සගය, තොප කියූ දේ හරිය කියා මට සිතේ
     ධන ධාන්‍ය නොව සිය දිවි කැපකළ සගයන් ඇතේ
     උදව් තොපට ඕන කරන මොහොත උදාවී ඇතේ
     හොඳඅයෙක් හොඳඅයෙකුට යුතුකම කරදෙනු ඇතේ

ඉදිබුවා උකුස්සාට කියූ මේ කතාව ඔහුගේ පුත
ඉදිබුවා අසා සිටියා. "අනේ අප්පච්චි, මේ වැඩේට ගොහින්
ඔයා වෙහෙසට පත්වෙන්ට ඕනෑන්නේ නෑ. පියා විසින්
කළයුතු දෙය මං කරදෙන්නම්" කියා මේ ගාථාව කීවා.

09. අප්පච්චි, ඔයා නොයා මෙහි ම රැඳී ඉන්න
     පියා වෙනුවෙන් පුතාට හැක යහපත සලසන්න
     තොප කළයුතු දෙය මා කරනා බව සිතන්න
     මටත් ඇහැකි උකුසු පුතුන් විපතින් බේරා දෙන්න

එතකොට ඉදිබු පියා සිය පුතු අමතා මේ ගාථාව
කීවා.

10. ඇත්ත පුතේ, තොප කී දෙය සත්පුරුෂ දහමකි
     පුතෙක් පියා වෙනුවෙන් හොඳ කිරීම යහපති
     එනමුදු මගෙ වැඩුණු සිරුර දැක මසට ම රුචි
     වැද්දෝ අත්හරිනව නම් ඒ පැටවුන් යහපති

මෙසේ කියා ඉදිබුවා උකුස්සාට මෙය කීවා. "සගය
උකුස, හය ගන්ට කාරි නෑ. ඔහේ ඉස්සර වෙලා යන්ට.
මං එන්නම්" යි ඔහු පිටත් කොට සැණෙකින් දියට
පැන්නා. මඩ එකතු කොට කළඹාගෙන ගොඩ වී ගින්නත්
නිවාගෙන ම වැදහොත්තා. "අඩේ... මේං... මෙන්න...
කණකැස්බෑවෙක්. දැන් මොට ද උකුසු පැටව්. මේකා

මරා ගනිමු. මේකා නම් හැමෝටම සැහේවි” යි වැලක් උදුරාගෙන ලණුවක් සේ සකසා, දිරූ හැඳිවත් ඉරා ඉබ්බාව ඒ ඒ තැන්වලින් ගැටගසා පෙරළාගන්ට මහන්සි ගනිද්දී ඉදිඹුවා ඒ ලණු ඇදගෙන දියේ ගැඹුරට ගියා. කැස්බෑ මස් කන්ට ආසාවෙන් වැද්දොත් දියට පැන මැදට ගොස් හොඳටම හෙම්බත් වුණා. “බලපං අපට වෙච්චි දේ. අපේ එකෙක් උකුසු පැටව් අල්ලන්ට ගොහින් හුළ අතුත් නිවාගෙන, පාන්දර වෙනතුරු මහන්සි ගත්තා. දැන් ඉබ්බෙක් නිසා වතුරේ බැහැගෙන වතුරත් පෙවී බඩගෙඩි ලොකු වුණා විතරයි. හරි... ඉබ්බාගෙන් වැඩක් නෑ. යමං ගොඩට. හුළ අතු බැඳපං.” කියා සූදානම් වෙද්දී එළි වුණා. උකුසු පැටව් නම් කන්ට ම ඕනෑ කියා හුළ අතු බැන්දා.

එතකොට උකුස්සී උකුස්සාට කතා කොට මෙය කීවා. “ආං බලන්ට ස්වාමී, මේකුන් මයෙ දරුවන් කන අදහස අත්හැර නෑ. කොයි මොහොතේ හරි විනාශයක් කරනවා. අනේ හනික ගොහින් සිංහ මිතුරාටවත් කියන්ට.” එතකොට උකුස්සා ඒ මොහොතෙ ම පිටත් ව ගියා.

“ඕහ්... මොකෑ මිතුයා, මේ අවේලාවේ?” යි සිංහයා ඇසුවා. උකුස්සා සිදු වූ හැම දෙයක් ම පවසා මේ ගාථාව කීවා.

11. සතුන් අතර වීරිය ඇති උතුම් රජාණෙනි
    හය ඇතිවිට සතුනුත් මිනිසුනුත් පිහිට සොයා
    යනවා පිළිසරණ පතා උතුම් අයෙකු වෙත
    මයෙ දරුවන් දැන් මහ අනතුරට පත්වෙලා
    තොපයි අපේ රජු අනේ මට පිහිට වුව මැන

"අනේ ස්වාමී, තමුන්නාන්සේ නොවැ සියලු සතුන් අතර වීර්යයෙන් යුතු ශ්‍රේෂ්ඨ උත්තමයා. මේ ලෝකයේ භය තැතිගත් විට සතුනුත් මිනිසුනුත් පිහිට පතා උතුම් අය ළඟට යනවා. මයෙ දරුවන් අනතුරකට වැටිලා. මං හනික ආවේ ඒකයි. අනේ රාජන්, මයෙ සැප පිණිස පිහිට වුව මැනව." එතකොට සිංහයා මෙය කීවා.

12. උකුසු මිතුර, මම තොපහට උදව් කරන්නම්
    තොප විපත සදන සතුරන් හැම නසා දමන්නම්
    තමන්ගේ මිතුරන්ට කරදර වූ බව දැන
    නුවණැති අය ඉවත බලා සිටිත් ද කිසි කල?

"හරි... මං බලාගෙනෙක්කං... ඔහේ ගොහින් දරුවන්ගේ භය නැති කරන්ට." යි පවසා උකුස්සාව පිටත් කළා. සිංහයා නිල්වන් දිය බිඳගෙන එන්ට පටන් ගත්තා. වැද්දන් මෙය දැක්කා. "හපොයි... අර බලාපං... රාජාලියා හුළඅතු නිවා දැම්මා. ඉබ්බෙක් ඇවිත් අපේ වස්ත්‍ර කැබලිත් නැති කළා. දැන් අපේ පණත් ඉවර වෙන්ටයි යන්නේ. පණ බේරාගෙන දුවපල්ලා." යි පණ භයෙන් තැතිගෙන ඒ ඒ තැනින් පැන දිව්වා. සිංහයා ඇවිත් බලද්දී කොළොම් ගස මුල කවුරුවත් ම නෑ. එතකොට රාජාලියාත් ඉදිබුවාත් උකුස්සාත් ඇවිත් සිංහයාට වැන්දා. සිංහයා හොඳ මිතුරන් සිටීමේ යහපත ගැන පවසා, මිත්‍ර ධර්මය නොබිඳ අප්‍රමාදී ව වසව් කියා ඔවදන් දී පිටත් ව ගියා. උකුස්සී සිය දරුවන් දෙස බලා "අනේ අපගේ මිතුරන් නිසා නොවැ දරුවන් බේරාගන්ට ලැබුණේ" යි සැපසේ කල් ගෙවමින් උකුසු සැමියා හා දොඩමින් මේ ගාථා කීවා.

13. සුහද හද ඇති මිතුරන් ම යි ඇසුරු කරන්ට ඕනෑ
    උතුම් අයෙක් ගන්ට ඕන උතුම් අයගෙ ඇසුරයි

ඊ පහර එනවිට සතුරු බල බිඳින සන්නාහය සේ
හොඳ මිතුරන් සතුරු බල බිඳ මිතුරාට සැප සදයි
දරුවන් හා අපටත් සතුටෙන් ඉන්ට ලැබුණේ
ඒ මිතුරන් නිසයි

14. මිතුරන්ගෙ විපතෙදි පැන නොයන මිතුරා
සිංහයා ය සතුරන් පලවා හැරියේ එඩි පා
මිතුරන් මැදිහත් වී දුන්නා යහපත සලසා
අප නාදයට අනුව නද දී පුතුන් තුටු වේ එනිසා

15. නුවණැති අය හිත හොඳ මිතුරන් ඇතිව සිට
හරකබාන දේපල හා දරුවන් ද සතුටු ව
සුවසේ වසන ලෙස මමත් සිටිමි සතුටු ව
සැමියා හා සෙනෙහසින් පුතුන් සමග එකතු ව

16. රජුගෙන් හා හය නැති සුර අයගෙ උදව් ගෙන
බොහෝ පිහිට ලැබුණා අපට මිතුරුදමක් හදාගෙන
හොඳ මිතුරන් සිටින අයගෙ කිතුගොස පැතිරෙන
කැමති සියලු දේ ලැබ දේ මෙලොව සතුට දෙන

17. දිළිඳු වුණත් යමෙකුට මිතුරන්ගෙ ඇසුර ඕනෑ
හොඳ මිතුරන් ඇසුර නිසා අපට ද සහනය ලැබුණා
දරුවන් හා සතුටෙන් අපි මෙහි වසමු ඒ නිසා

18. හිමියන් ලොව කවුරු නමුත් ඇසුරු කරයි නම්
බලවත් එඩි ඇති සුර වීර ගුණවත් මිතුරන්
ඒ අයටත් අප විඳිනා මේ සැප ලැබෙනවමයි

මෙසේ උකුසු ධේනුව අවංක මිතුදමක ඇති වටිනාකම
ගැන කීවා. සියලු දෙනා දිවි ඇති තෙක් මිතුදම රැකගෙන
සමගි ව වාසය කළා. "මහණෙනි, මොහු සිය බිරිඳගේ

යහපත් වචනයට අනුව කටයුතු කොට සැපයට පත්වුණේ මේ ආත්මයේ පමණක් නොවේ. පෙර ආත්මෙත් මෙසේ ම වුණා. එදා උකුස්සාත් උකුසු ධේනුවත් ව සිටියේ ඒ පති-පත්නී දෙදෙනා. ඉඳිබු පුතු ව සිටියේ අපගේ රාහුලයෝ. ඉඳිබුවා ව සිටියේ අපගේ මොග්ගල්ලානයෝ. රාජාලියා ව සිටියේ අපගේ සාරිපුත්තයෝ. සිංහයා ව සිටියේ මා ය" කියා භාග්‍යවතුන් වහන්සේ මේ උක්කුස ජාතකය නිමවා වදාළා.

04. උද්දාලක ජාතකය

කුහක තපස් කළ උද්දාලකගේ කතාව

පින්වතුනේ, පින්වත් දරුවනේ,

අසවල් අසවල් යහපත් ගුණධර්ම මා තුළ තියේ ය කියා, තමා තුළ නැති ගුණ පෙන්වා, ලොව මුළා කොට දිවි ගෙවන අය අද ලෝකයේ සෑම ක්ෂේත්‍රයක ම ඉන්නවා. බුද්ධ කාලයේත් එවැනි කුහක අය වාසය කොට තියෙනවා. මෙය එබඳු කුහක අය ගැන කතාවක්.

ඒ දිනවල අපගේ භාග්‍යවතුන් වහන්සේ වැඩවාසය කොට වදාළේ සැවැත් නුවර ජේතවනයේ. සැවැත් නුවර සිටි එක් තරුණයෙක් බුදු සසුනේ පැවිදි වුණා. ටික කලක් යද්දී පැවිදි වීමේ මූලික අදහස නැති වී ගොස් ලාභ සත්කාර කීර්ති ප්‍රශංසා උපදවා විසීමට දැඩි ආශාවක් උපන්නා. ඉතින් ඒ හික්ෂුව තමා තුළ නැති ධ්‍යාන මගඵල ආදී ගුණ පෙන්වමින්, ව්‍යාජ මානසික දියුණුවක් හුවා දක්වමින්, තමා ගැන ම වර්ණනා කරමින්, තමන්ට දන් පැන් පුදන දායකයින්වත් වර්ණනා කරමින් කුහක ජීවිතයක් ගෙවන්ට පටන් ගත්තා. මෙය දැනගත් හික්ෂුන් වහන්සේලා දමසභා මණ්ඩපයට රැස් වූ කල ඒ හික්ෂුවගේ කුහක ප්‍රතිපදාව ගැන සංවේගයෙන් කතා කළා.

"බලන්ට ඇවැත්නි, නිවන් අවබෝධය සලසා දෙන මෙවැනි උතුම් බුදු සසුනක පැවිද්ද ලැබූ අසවල් හික්ෂුව තමා තුළ නැති මගඵල ආදිය තියේ ය කියමින් කුහක ජීවිතයක් ගෙවන්ට පටන් ගත්තා නොවැ." ඒ අවස්ථාවේදී අප භාග්‍යවතුන් වහන්සේ එහි වැඩම කොට වදාළා. හික්ෂූන් වහන්සේලා තමන් කතා කරමින් සිටි කරුණ භාග්‍යවතුන් වහන්සේට සැලකළා. භාග්‍යවතුන් වහන්සේ "මහණෙනි, ඔය හික්ෂුව කුහක ජීවිතයක් ගෙවන්නේ මේ ආත්මයේ විතරක් නොවේ. පෙර ආත්මෙත් එබඳු ම ජීවිතයක් ගෙවූ කෙනෙකි" යි මේ අතීත කතාව ගෙනහැර දක්වා වදාළා.

"ඉතා ඈත අතීතයේ බරණැස් පුර බඹදත් නම් රජෙක් රාජ්‍ය විචාරන කල්හි මහා බෝධිසත්වයෝ ඒ රජුගේ පුරෝහිත වශයෙන් වාසය කළා. ඔහු ව්‍යක්ත යි. නුවණැති යි. ඒ පුරෝහිතයා උයන් කෙළියට ගිය දිනෙක එක් රුවැති වෙසඟනක හා හිතවත් ව ඇය හා එකට වාසය කළා. ඒ හේතුවෙන් ඇය කුස දරුවෙක් පිළිසඳ ගත්තා. මේ වග පුරෝහිත බ්‍රාහ්මණයාට ඈ දන්වා සිටියා.

"ස්වාමී, දැන් මේ සිඟිත්තා උපන් විට තමුන්නාන්සේගේ වංශයට අයත් නමක් දාන්ට ද?"

"මෙහෙමනේ සොඳුරි, වර්ණ දාසියකගේ කුසින් උපන් දරුවෙකුට මයෙ කුලගෝත්‍ර අනුව නමක් තබන්ට අමාරුයි. දැන් බලන්ට මේ ඇසළ රුක. මේ රුකට උද්දාලක කියා කියනවා. අපි දෙන්නා හමුවුණේ මේ රුක් සෙවණේ නොවැ. එනිසා දරුවාට උද්දාලක කියා නම තබන්ට. පුතෙක් වුණොත් වියපත් වූ විට මට දක්වන්ට.

දියණියක වුණොත් මෙය විකුණා ඇය හදාවඩා ගන්ට." කියා තමන්ගේ ඇඟිල්ලෙන් පේරැස් මුදුවක් ගලවා දුන්නා.

ටික කලෙකින් ඇය පුතෙකු බිහි කළා. ඔහුට උද්දාලක යන නම ලැබුණා. දරුවා වියපත් වුණා. "මෑණියනි, මයෙ පියා කවුද?" "පුතේ, ඔයාගේ පියා තමයි පුරෝහිත බ්‍රාහ්මණයා." "එහෙනම් මෑණියනි, මාත් පියා වගේ හොඳට වේදය ඉගෙන ගන්ට ඕනෑ." යි මව අතින් පේරැස් මුද්දත් ගෙන ගුරුපඬුරු ද ගෙන තක්ෂිලාවට ගියා. දිසාපාමොක් ආචාරීන් යටතේ ශිල්ප හදාරමින් සිටියා. ඔය අතරේ ඒ පෙදෙසට ආ තාපස පිරිසක් දුටු මොහු 'මේ ඇත්තන් ළඟ තව උතුම් ශිල්ප තියෙන්ට පුළුවනි' යි සිතා ශිල්ප ඉගෙනීමේ ආශාවෙන් ඔවුන් ළඟ තවුසෙක් බවට පත් වුණා.

"ආචාරීන් වහන්ස, මටත් තමුන්නාන්සේලාගේ ශිල්ප උගන්වන්ට" කියා ඉල්ලා සිටියා. ඔවුනුත් දන්නා හැටියට ශිල්ප කියා දුන්නා. කලක් යද්දී පන්සියක් තවුසන් අතර මොහු තරම් ශිල්ප දැනුම ඇති කිසිවෙක් සිටියේ නෑ. ඔහු නුවණින් අග්‍ර වුණා. එනිසා තවුසන් රැස් ව ඔහුව ප්‍රධාන තවුසා බවට පත් කළා.

එතකොට ඔහු තවුසන්ගෙන් මෙය ඇසුවා. "තවුසනේ, ඇයි තොප මේ වනමුල් එලාහාර පමණක් බුදිමින් දිගටම කැලෑ වැදී ඉන්නේ? මිනිස් පියසට නොයන්නේ මන්ද?"

"හපොයි... අපි කොහොමෙයි ඒක කරන්නේ? මිනිස් පියසට ගියොත් ඔවුන් දන් දෙනවා. පින් අනුමෝදන් කරන්ට කියනවා. බණ කියන්ට කියනවා. ප්‍රශ්න අසනවා. ඉතින් අපට ඒවා බෑ නොවැ. එනිසයි නොයන්නේ."

"අයිසේ තවුසනි, ඕක මොන කජ්ජක් ද? සක්විති රජෙක් ළඟට ආවත් උන්දැගේ සිත පැහැදෙන්ට යමක් ගළපා කීම මට භාරයි. ඔහේලා හය ගන්ට කාරි නෑ."

ඉතින් උද්දාලක තවුසා අනිත් තවුසන් පිරිවරාගෙන චාරිකාවේ යන්ට පටන් ගත්තා. මෙසේ ගම් දනව් සිසාරා යන අතරේ බරණැසටත් ආවා. බරණැස් රජුගේ උයනට ගොස් වාසය කොට පසුවදා ද්වාර ගමෙහි පිඬු සිඟා ගියා. මිනිසුන් පැහැදී මහදන් දුන්නා. ඊළඟ දිනයේ ඔවුන් නගරයට පිවිසියා. නගරවැසියෝ බොහෝ පැහැදී දන් දුන්නා. පුණ්‍යානුමෝදනා කිරීම්, බණ කීම්, ප්‍රශ්නවලට පිළිතුරු දීම් ආදී හැම දෙයක් ම කරන්නේ උද්දාලක තවුසා. පැහැදුණු මිනිසුන් බොහෝ පිරිකරත් පිදුවා. 'ශාස්තෘවරයෙක් බඳු මහා නුවණැති පණ්ඩිත තවුසෙක් ඇවිත් බණ කියනවා' ය කියා මුළු නුවර කැළඹී ගියා. මෙය රජුටත් සැලවුණා.

"බොහොම අගෙයි. එතකොට ඒ ඇත්තෝ ඉන්නෙ කොයිබද?" "මහරජ, රාජ උද්‍යානයේ ම යි ඒ තාපසින්නාන්සේලා ඉන්නේ." "ඒක හොඳා... එහෙනම් අද මං ගොහින් තාපසයින් බැහැදකින්ට ඕනෑ."

රාජපුරුෂයෙක් වේලාසන ගොහින් උද්දාලක තාපසයන් මුණගැසුණා. "මහා සෘෂිවරයාණෙනි, අද තමුන්නාන්සේව බැහැදකින්ට මහරජ්ජුරුවෝ සැපත් වෙනවා." යි දැනුම් දුන්නා. එතකොට උද්දාලක ඔහුගේ තවුස් පිරිවර ඇමතුවා. "එම්බා තවුසනි, අද මහරජ්ජුරුවෝ සැපත් වෙනවා. ඔහු මහා ධනවතෙක් නොවැ. එක් දවසකට පහදා ගත්තත් ජීවිත කාලෙට ම ඇති. හැමදාට ම පොරොජ්ජනයි."

"ආචාර්යතුමනි, ඉතින් අපෙන් මොනාද කෙරෙන්ට ඕනෑ?"

"හරි... මං කියෑද්ඦං. පිරිසක් වවුල්වත කරන්ට ඕනෑ. තව පිරිසක් උක්කුටියෙන් හිඳ කෙලෙස් තවන බවක් හඟවන්ට ඕනෑ. තව පිරිසක් කටු සයන මත වාඩිවී අද අද ම විමුක්තිය පිණිස වෙහෙස ගන්න බව පෙන්වන්ට ඕනෑ. තව පිරිසක් සතර පසින් ගිනි ගොඩවල් ගසා, හිස මත ගිනි කබලක් තබා, හැම කෙලෙස් දවන බව පෙන්වන්ට ඕනෑ. තව පිරිසක් තැන් තැන්වල හිඳ වේදමන්ත්‍ර සජ්ඣායනා කරන්ට ඕනෑ... හරි..." යි උපදෙස් දී තමාත් තව අටක් දහයක් වට කොටගෙන, වටිනා ආධාරකයක මහා පොතක් තබා, ගැඹුරු ධර්ම කථාවක් කරන විලාසයක් පෙන්නුම් කරගෙන සිටියා.

එකෙණෙහි මහරජා පුරෝහිත බමුණා ඇතුළු පිරිවර සමඟ උයනට පිවිසියා. මිථ්‍යා තපස් කරන තවුසන් දැක 'හප්පා... මේ ගුණවත් තාපසින්නාන්සේලා අපා දුකින් නිදහස් වෙන්ට ගන්න වෑයම' යි හොඳටම පැහැදී උද්දාලක තවුසා වෙත ගොස් එකත්පස්ව හිඳ, පිළිසඳර දොඩා, තුටු සිතින් යුතුව පුරෝහිත බමුණා හා කතා කරමින් මේ ගාථාව කීවා.

01. පොරොවා අඳුන්දිවි සම්, බැඳි ඇත දත් මැලියම්
      නොසැරසූ ගත ඇති, වේද මන්ත්‍රත් කියමින්
      ඉතා දුෂ්කර දෙයකි මේ තවුසන් කරන්නේ
      මොවුන් නම් අපා දුකින් මිදී සිටිත් යයි සිතේ

රජුගේ මේ අදහස ඇසූ පුරෝහිත බමුණා 'අනේ මේ රජ නොපැහැදිය යුතු ඇත්තන්ට ම නොවැ පහදින්නේ.

දැන් නිහඬ වීම හරි නෑ' යි සිතා මේ ගාථාව කීවා.

02. මහරජුනේ, මෙය අසන්ට
මොනතරම් උගතුන් උනත්, පව් කරත් නම් ඔවුන්
ධර්මයෙහි නොහැසිරෙත් නම්, එයින් එලය කිම!
වේද දහසක් දැනගත්තත්, එයින් ඇති එලය කිම!
ධ්‍යාන සමවත් උපදවා නැත්නම්, අපාදුකින් මිදි නෑ

පුරෝහිත බමුණාගේ පිළිතුරු ගාථාව අසා උද්දාලක තවුසා කැළඹුණා. 'අයියෝ... මේ රජා අපුරුවට පැහැදීගෙන ආවා. පුරෝහිත බමුණෙක් මැදට පැන වේගයෙන් යන ගවයාට උලකින් අනිනවා වගේ, පැසුණු බතක් වලකට දැම්මා වගේ, පහදින්ට දෙන්නේ ම නෑ නොවැ. මං මෙයැයිට යස පිළිතුරක් දෙන්ට ඕනෑ' යි සිතා පුරෝහිත හා කතා කරමින් මේ ගාථාව කීවා.

03. වේද දහසක් දැන සිටියත්, ඉන් එලක් නැතිනම්
දැහැන් සමවත් නොලබා, අපා දුකින් මිදීමක් නෑ
එසේ නම් වේදයන්ගෙන්, කිසිම පලකුත් නෑ
සංවරයයි සත්‍යයයි තිබුණොත් ඇති නොවැ හොඳටම

එතකොට එයට පිළිතුරු වශයෙන් පුරෝහිත බ්‍රාහ්මණයා මේ ගාථාව කීවා.

04. හොඳින් ලබන වේද දැනුම, එලක් නැතේ කියන්ට බෑ
සත්‍යයත් සංයමයත් සමග දැහැන් සමවත් තිබුණොත්
වේද උගත් කෙනා එයින්, කිත් යසසට පත්වෙනවා
දැහැන් සමවත් ඇති කෙනා, නිවනට පත්වෙනවා

එය අසා උද්දාලක තවුසා 'ඕහ්... මෙයැයි එක්ක දොඩන එක නම් ලේසි නෑ වගේ. මෙයා දන්නේ

නැතිව ඇති මගේ පියා බව. මං තොපගේ පුත්‍රයා ය කීවොත් ස්නේහය ඇති නොවන්නේ කොයි පියාට ද? මං පුරෝහිතයාගේ පුත්‍රයෙක් බව දැන් කිව යුතුයි' සිතා මේ ගාථාව කීවා.

05. මාපියන් නෑයින් යනු, පෝෂණය කළයුතු අය ය
යමෙකුට දාව උපනි ද මා, ඒ නම් ඔහු ම ය
උද්දාලක නම් මම, තොපගේ වංශයේ වෙමි

"හෝ... එතකොට තොප ද උද්දාලක?" "එහෙමයි..." "එතකොට මා විසින් තොපගේ මව්ට මාව හඳුනාගන්ට යමක් දුන්නා. කෝ... එය අතේ තියේ ද?" "එහෙමයි... මේ තියෙන්නේ ඒ පේරැස් මුදුව." කියා එය බමුණා අත තැබුවා. "එහෙනම් තොප නිසැකයෙන් ම බ්‍රාහ්මණයෙක් නොවැ. එතකොට බ්‍රාහ්මණ ධර්මය දන්නවා ද?" යි අසමින් මේ ගාථාව කීවා.

06. භවත, කෙනෙකු කෙසේද බමුණෙකු වන්නේ ?
කෙසේද හැම දේ දත් උතුමෙකු වන්නේ ?
කෙනෙකුගේ පිරිනිවීම කෙසේද සිදුවන්නේ ?
කුමන කරුණු මත ද දහමිහි පිහිටියා වන්නේ ?

එයට පිළිතුරු වශයෙන් උද්දාලක තවුසා මේ ගාථාව කීවා.

07. බමුණ, යමෙක් නිතර ගිනිදෙවි පුදයි නම්
දියේ ගිලී පව් සෝදා, යාග කණු ඔසොවයි නම්
ඔහු සැබෑ බමුණෙකි, හැම බිය නැති අයෙකි
මෙසේ සිටිවිට ඔහු, දහමිහි පිහිටියා වේ

එය ඇසූ පුරෝහිත උද්දාලක විසින් කියන ලද

කරුණු ප්‍රතික්ෂේප කරමින් මේ ගාථාව පැවසුවා.

08. දියේ ගිලී නෑමෙන් නැත පව් සේදී යන්නේ
ගින්න පිදූ පමණින් නැත ඔහු බමුණෙක් වන්නේ
ඔහු නම් නැත අපා දුකින් ඉන් නිදහස් වන්නේ
ඉවසීම, සීලය නැත්නම් නෑ ඔහු පිරිනිවෙන්නේ

එය ඇසූ උද්දාලක 'ඕ... ඉතින් මා කියූ ප්‍රතිපදාවෙන්
බමුණෙක් නොවෙයි නම්, බමුණෙක් වෙන්නේ
කොහොමෙයි?' යි සිතා මේ ගාථාව කීවා.

09. බමුණ, එසේ නම් කෙසේද බමුණෙකු වන්නේ ?
කෙසේද හැම දේ දත් උත්තමයෙකු වන්නේ ?
කෙනෙකුගේ පිරිනිවීම කෙසේද සිදුවන්නේ ?
කුමන කරුණු මත ද දහමෙ පිහිටියා වන්නේ ?

එයට පිළිතුරු වශයෙන් පුරෝහිත බ්‍රාහ්මණයා මේ
ගාථාව පැවසුවා.

10. කුඹුරු වතුපිටි නැපිරිස ගැන, දුරු ව ඇතිනම් ආසා
ලාභයට ආසාව නැතිනම්, තොර නම් පව්ටු ආසා
හව පැවැත්මෙහි සිටුමට, නැතිනම් ඔහුට ආසා
එවැනියා බමුණෙකි, හැම බියෙන් තොර වූවෙකි
එබඳු අය හොඳින් පිහිටා සිටිති දහමෙහි

එවිට උද්දාලක මෙය පැවසුවා.

11. රජ, බමුණ, වෙළඳ, ශුද්‍ර, සැඬොල්, පුක්කුස
මේ කවුරුත් නෑමී දහමට, හැසිරෙත් නම් දහමේ
ඉදුරන් දමනය කළ ඔවුන් යනු ඇත පිරිනිවී
ඔවුන්ගේ සිත් සතන් සිහිල් වී ගිය විට
හීන උසස් බවක් ඔවුන් තුළ දකින්ට තියේවි ද?

නිකෙලෙස් ව පිරිනිව් ගිය අයෙකු හීන කුලයට අයත් ය, උසස් කුලයට අයත් ය කියා දැක්වීම වැරදි බව පවසමින්, එබඳු දෙයක් කරන්ට බැරි බව පවසමින් පුරෝහිත බ්‍රාහ්මණයා මේ ගාථාව කීවා.

12. රජ, බමුණු, වෙළඳ, ශූද්‍ර, සැඬොල්, පුක්කුස
  මේ කවුරුත් නැමී දහමට, හැසිරෙත් නම් දහමේ
  ඉඳුරන් දමනය කළ ඔවුන් යනු ඇත පිරිනිව්
  ඔවුන්ගේ සිත් සතන් සිහිල් වී ගිය විට
  හීන උසස් බවක් ඔවුන් තුළ දකින්ට නැත්තේමය

පුරෝහිත බ්‍රාහ්මණයාගේ අදහසට ගරහමින් උද්දාලක මේ ගාථාව කීවා.

13. රජ, බමුණු, වෙළඳ, ශූද්‍ර, සැඬොල්, පුක්කුස
  මේ කවුරුත් නැමී දහමට, හැසිරෙත් නම් දහමේ
  ඉඳුරන් දමනය කළ ඔවුන් යනු ඇත පිරිනිව්
  ඔවුන්ගේ සිත් සතන් සිහිල් වී ගිය විට
  හීන උසස් බවක් ඔවුන් තුළ දකින්ට නැතිනම්
  මාපිය දෙපසින් පිරිසිදු බමුණු කුලෙන් පලක් නෑ
  එනිසා සැඬොල් හා තොප අතර කිසි වෙනසක් නෑ

එතකොට පුරෝහිත බ්‍රාහ්මණයා උපමාවකින් කරුණු දක්වමින් මේ ගාථාවන් කීවා.

14. නොයෙක් නොයෙක් වර්ණ ගල්වා
  නොයෙක් හැඩයට ගෙවල් දොරවල් හැදුවත්
  ඒ සියලු නිවෙස්වල සෙවණැල්ලේ
  කිසිම පාටක් නැත පෙනෙන්නේ

15. මිනිසුන් අතර නොයෙක් කුලගොත් තිබුණත්
යමෙක් පව් දුරුකොට, කුසල් වඩා පිරිසිදු වෙත්නම්
ඔවුන්ගේ කුලය කිසිදා කෙනෙක් නෑ විමසන්නේ
ඔවුන්තුළ ඇති සීලයත් දහමත් පමණයි හඳුනගන්නේ

තවදුරටත් එකට එක කියාගන්ට බැරි වූ උද්දාලක
වැටහීම් රහිත ව බිම බලාගෙන සිටියා. පුරෝහිත
බ්‍රාහ්මණයා රජුට මෙය කීවා. "මහරජ, මුන්දැලා ජීවිකාව
පිණිස තවුස් වුත පවත්වමින්, කුහක ප්‍රතිපදාවෙන් දඹදිව
ජනපදවල සැරිසරනවා. එයින් මුන්දැලාට පලක් නෑ.
එනිසා මේ උද්දාලකව උපැවිදි කරවා උප පුරෝහිතකම
දෙන්ට. අනිත් අය උපැවිදි කරවා, කඩු පලිහ ආදී ආයුධ
දී රාජසේවයට ගන්ට." රජතුමා පුරෝහිතයාගේ වචනය
පිළිගෙන ඒ අයුරින් කටයුතු කළා.

"මහණෙනි, මේ හික්ෂුව දැන් පමණක් නොවේ.
කලින් ආත්මෙත් කුහක ප්‍රතිපදාවෙන් යුක්තයි. එදා
උද්දාලක ව සිටියේ කුහක හික්ෂුව ම යි. රජ ව සිටියේ
අපගේ ආනන්දයෝ. පුරෝහිත බ්‍රාහ්මණ ව සිටියේ මා
ය" කියා භාග්‍යවතුන් වහන්සේ මේ උද්දාලක ජාතකය
නිමවා වදාළා.

05. හිස ජාතකය

නැති වූ නෙළුම් අල අරභයා
තවුසන් ශපථ කළ කතාව

පින්වතුනේ, පින්වත් දරුවනේ,

ඇතැම් අය යම් යම් දෙයට ආශා කරනවා. තම සිතේ උපන් ආශාව නිසා ම ඔවුන්ට බොහෝ දුක් විඳින්නත් සිදුවෙනවා. එහෙත් ස්වල්ප වූ කම්සුවකට හෝ ආශා නොකොට විසීමේ උදාරත්වය ගැන කියවෙන කතාවකි මෙය.

ඒ දිනවල අප භාග්‍යවතුන් වහන්සේ වැඩවාසය කොට වදාළේ සැවැත් නුවර ජේතවනයේ. එකල ජේතවනයේ විසූ එක් තරුණ හික්ෂුවකගේ සිතේ මාගමක පිළිබඳව ලාමක බැඳීමක් හටගත්තා. ඒ නීච ස්වභාවයට බැඳීගිය හේතුවෙන් ඔහු තුල පැවිද්දට ඇති ආශාව නැති වුණා. ආචාර්ය උපාධ්‍යායන් වහන්සේලා මෙය දැන භාග්‍යවතුන් වහන්සේ වෙත ඔහු රැගෙන ගියා. භාග්‍යවතුන් වහන්සේ මෙය අසා වදාලා.

"හැබෑද හික්ෂුව, මාගමකට සිත බැඳීයෑම නිසා තොපට සිවුරු හැර යන්ට සිතෙනවා ය කියන්නේ?" "එහෙමයි භාග්‍යවතුන් වහන්ස, මට නොදැනී ම සිත

කෙලෙසී ගියා.”

“භික්ෂුව, සත්වයා සසර දුකින් මුදවා, අමා නිවනට පමුණුවන, මෙවන් සසුනක පැවිදි ව, සිතේ උපන් කෙලෙස් නිසා උපැවිදි වෙන්ට සිතීම හරි දෙයක් ද? බුදුවරුන් පහළ නොවී තිබුණ කාලවල පවා පැවිදි වූ නුවණැති අය එහෙම නෑ. ගේදොර වතුපිටි ආදිය ගැනත්, සිතේ හටගත් රාගාදි අකුසල් ගැනත් හැඟීම් මාත්‍රයක්වත් උපදවා ගන්ට ඔවුන් කැමති වුණේ නෑ. ඔවුන් එයට අකැමති බව ශපථ කොට දිවුරා වාසය කොට තියෙනවා.” යි මේ අතීත කතාව ගෙනහැර දක්වා වදාළා.

ඉතා ඈත අතීතයේ බරණැස් පුර බ්‍රහ්මදත් නමින් රජෙක් රජකරමින් සිටියා. එකල මහා බෝධිසත්වයෝ අසූකෝටියක් ධනය ඇති ඉතා වංශවත් බ්‍රාහ්මණ පවුලක වැඩිමල් පුතු ලෙස උපන්නා. ඔහුට මහාකංචන කුමාරයා යන නම ලැබුණා. කුමරු දුව පැන ඇවිදින කාලේ තව දරුවෙක් උපන්නා. ඔහුට උපකංචන යන නම ලැබුණා. මේ විදිහට පිළිවෙළින් පුතුන් සත්දෙනෙක් ම ඒ බමුණු පවුලට ලැබුණා. අටවෙනි බාලයා වූයේ දියණියක්. ඇයට ලැබුණේ කංචනදේවී යන නම යි.

මහාකංචන කුමරා නිසි වියේදී තක්ෂිලා ගොහින් සිප්සතර හදාරා යළි පැමිණියා. වැඩිමල් පුතු ගිහිගෙයි රදවනු කැමති මාපියෝ, මහාකංචන කුමරුට බමුණු කුලයකින් ම දැරියක පාවාදීමට වෙහෙස ගත්තා. එතකොට කුමාරයා මෙය කීවා.

“මෑණියනි, පියාණනි, මං ගිහිගෙදරට බැදෙන්ට කැමති නෑ. මේ සසරේ හැම උපතක් ම මට පෙනෙන්නේ

ගිනි ඇවිළුණු තැනක් වගේ. බිය සහිත තැනක් වගේ. හිරේ වැටුණා හා සමාන යි. හරිම කරදරයි. අසුචි හෙළන භූමියක් වගේ පිළිකුල්. අඹුසැමියන් ලෙස හැසිරීමක් මට සිහිනයකින්වත් පෙනිලා නෑ. මං කොහෙත්ම කැමති නෑ. අනේ ඉතින් අනිත් දරුවන්ව කැමති කරවාගෙන බන්දලා දෙන්ටකෝ..." යි කීවා. යහළුවන් ලවාත් කියෙව්වා. දෙමව්පියන්ගෙන් පැවිද්දට කැමැත්තක් ලැබුණේ ම නෑ.

දවසක් යාළුවෝ ඔහුගෙන් මෙය ඇසුවා. "ඇත්ත කියාපං මිතුර, තොප කසාදයක් කරගන්ට අකැමති කවුරු හෝ ගැන මොනවා හෝ පතා සිටිනවා නේද?"

"අනේ ඔව්... ඒ කවුරුවත් ගැන නම් නෙවෙයි. මා ගැන ම යි. මං ගිහි ජීවිතයට කැමති නෑ. පැවිද්ද තමයි මගේ එක ම සිහිනය." මහාකංචනගේ දැඩි අදහස දැනගත් මව්පියන් අනිත් දරුවන් කැඳවා විවාහ යෝජනා ගෙනාවා. ඔවුන් කැමති වුණේත් නෑ. බාල දියණිය වන කංචනදේවීත් විවාහයකට කැමති වුණේ නෑ. කාලය ගත වෙද්දි මාපිය දෙදෙනා අභාවයට පත්වුණා. මාපියන්ගේ අවසන් කටයුතු කළ මහාකංචන පණ්ඩිතයා අසූකෝටියක ධනය දුගී මගී යාචකාදීන්ට දී සහෝදර සයදෙනාත්, බාල නැගණියත්, දාසයෙකුත්, දාසියකුත්, තව සහායකයෙකුත් කැටිව ගිහිගෙය අත්හැර හිමවත බලා පිටත් වුණා. හිමවතට ගොහින් එක් නෙළුම්විලක් අසබඩ සිත්කලු පෙදෙසක වන අසපුවක් කොට, එහි පැවිදි ව වනමුලඵලාහාරයෙන් යැපෙමින් වාසය කළා.

ඔවුන් වනයේ යද්දි එකට ම යනවා. යමෙක් යම් එළ වර්ගයක් හෝ රුක් වර්ගයක් හෝ දුටුවොත්, අන්

අයටත් අඩගසා, දැක්ක දුටු දේ ගැන කියමින් මහහඬින් සෝෂා කරනවා. වැඩපළ බහුල ගමක් වගේ. එතකොට ඔවුන්ගේ ආචාර්ය මහාකංචන තවුසා මෙය සිතුවා. 'අපි හැමෝම පැවිදි වුණේ අසුකෝටියක ධනය අත්හැර. දැන් කෑදරකම නිසා කැලෑගෙඩි සොය සොයා හැසිරෙන එක අපට කොහොමත් ගැලපෙන්නෑ. මෙතැන් පටන් පලවැල නෙළන්ට මං විතරක් යන්ට ඕනෑ.' යි සිතා එදා සවස සියලු දෙනා ම කුටියට කැඳවා මෙකරුණ සැලකළා.

"හරි... දැන්... ඔහේලා පැවිදි වූ කාරණය පිළිබඳව සිතා තම තමන්ගේ අර්ථසිද්ධිය සලසා ගැනීමට මහන්සි ගන්ට. හැමෝටම සෑහෙන්ට පලවැල නෙළාන එන එක මං භාරගන්නම්."

"අනේ ආචාර්යපාදයෙනි, නුඹවහන්සේ නිසා ම නොවැ අපත් පැවිදි වුණේ. ඉතින් නුඹවහන්සේ මෙහි වැඩහිඳ පැවිද්දම් පුරන්ට. නැගෙණි තාපසියත් මෙහි සිටියාවේ. දාසියත් ඇය සමග සිටියාවේ. අපි අටදෙනා වාරෙන් වාරෙට තනිව ගොහින් පලවැල නෙළාන එන්නම්. ඔය තුන්දෙනා ඒ කටයුත්තෙන් නිදහස් වෙන්ට." යි ප්‍රතිඥා දුන්නා.

එතැන් පටන් සහෝදර තවුසන් සයදෙනා, සහකරුවා හා දාසයාත් යන අට දෙනා වෙන් වෙන්ව තම වාරය පැමිණි විට වනයට ගොහින් පලවැල නෙළා ගේනවා. සියලු දෙනා තනි තනිව ඇවිත් තමන් උදෙසා වෙන් කරන ලද කොටස රැගෙන කුටියට යනවා. මෙනිසා එකිනෙකා මුණගැසී නිකරුණේ කතා කරමින් ඉන්ට ඇති ඉඩකඩ නැතිව ගියා.

තම වාරය එළැඹි දවසට ගෙනෙන ලද පලවැල එහි මළුවේ ගල්තලාවේ කොටස් එකොළොසකට බෙදනවා. තමාගේ කොටස ගෙන ඔහු පළමු කොට පිටත් ව යනවා. ගෙඩිය ගැසූ හඬ අසා අනිත් අය වෙන වෙන ම ඇවිත් සිය කොටස කුටියට ගෙන ගොස් වළඳා ධ්‍යාන උපදවා ගැනීමට වෙහෙස ගන්නවා.

පසු කලෙක ඔවුන් නෙළුම් අල හාරාගෙන එන්ට පටන් ගත්තා. ඒවා වළඳා සෝරතපස් කරමින් ඉදුරන් දමනය කොට කසිණ භාවනාවේ යෙදුනා. ඔවුන්ගේ සිල්තෙදින් ශක්‍රභවන පවා කම්පා වුණා. එතකොට සක්දෙවිදුට 'මේ තපස්වීන් වහන්සේලා ඇත්තටම කාමයන්ගෙන් මිදුණු අය ද? නැතිනම් එකිනෙකා ව්‍යාජ ලෙස එය හඟවා සිටින අයදැයි විමසා බලන්ට ඕනෑ' යන අදහස ඇතිවුණා. ඔහු තමන්ගේ ආනුභාවයෙන් මහබෝධිසත්වයන්ගේ ආහාර කොටස තුන් දිනක් ම අතුරුදහන් කෙරෙව්වා.

පළමු දවසේ සිය නෙළුම් අල කොටස නුදුටු මහාකංචන තවුසා සිතුවේ එය වෙන් කරන්ට අමතක වෙන්ට ඇත කියා ය. දෙවෙනි දවසේ ආහාර වේල නැති වූ විට සිතුවේ 'මයෙන් වරදක් වුණා ද මන්දා... පලවැල ගේන කෙනා මට වන්දනා කරන අදහසින් සිට, මයෙ කොටස තියන්ට අමතක ව යන්ට ඇති' කියලා. තුන්වෙනි දවසේ සිය ආහාර වේල නැති වූ විට ඒ ගැන සිතන්ට පටන් ගත්තා. 'කුමක් හෝ හේතුවක් ඇති මයෙ කොටස නොතබා ඉන්ට. ඉදින් මේ ඇත්තන්ට මා අතින් යම් වරදක් වී ඇත්නම් මං සමාව ගන්නවා' යි සිතා එදා සවස බෝධිසත්වයෝ ගෙඩිය ගැසුවා.

ගෙඩිය ගෑසුවේ කවුරුන් විසින්දැයි නොදැන සියලු දෙනා රැස් වුණා. බෝධිසත්වයෝ මෙය කීවා. "ගෙඩිය ගෑසුවේ මා ය." "ආචාර්යපාදයෙනි, එයට කරුණ කිම?"

"දරුවෙනි, අද එළවැල ගෙනාවේ කවුද?" එතකොට එක් තවුසෙක් නැගිට වැදගෙන සිටගත්තා. "මා ය ආචාර්යපාදයෙනි." "හරි... ආහාර කොටස් වෙන් කරද්දී මයෙ කොටස තිබ්බා ද?" "එහෙමයි ආචාර්යපාදයෙනි, මුල් ම කොටස වෙන් කරන්නේ නුඔවහන්සේට නොවැ."

"හරි... ඊයේ එළවැල ගෙනාවේ කවුද?" එතකොට තව තවුසෙක් නැගිට වැදගත්තා. "ආචාර්යපාදයෙනි, ඊයේ තිබුණේ මගේ වාරය යි. මමයි ගෙනාවේ." "ආහාර කොටස වෙන් කරද්දී වැඩිමහලු කෙනාගේ කොටස තැබූ බව තොපට හොදටම මතක ද?" "එහෙමයි ආචාර්යපාදයෙනි, මුලින් ම වෙන් කළේ ඒ කොටස තමයි."

"හරි... දරුවෙනි, අදට තුන් දවසක් වෙනවා. මට කිසිම ආහාරයක් නෑ. මුල් ම දවසේ මං සිතුවේ ආහාර කොටස් වෙන් කරද්දී මාව අමතක වෙන්ට ඇත කියලයි. දෙවෙනි දවසේ සිතුවේ මගෙන් වරදක් වෙන්ට ඇත කියලයි. අදත් අහර නැති වුණා නොවැ. එතකොට මං සිතුවේ 'ඉදින් මා අතින් වරදක් වෙලා තියේ නම්, තොපගෙන් මං සමාව ගන්ට ඕනෑ' කියලයි. ඒ නිසයි මං ගෙඩිය ගෑසුවේ.

නෙළුම් අල මා වෙනුවෙනුත් කොටසක් වෙන් කළා ය කියා තොප කියනවා. නමුත් මා පැමිණිවිට මෙහි කිසිවක් තිබුණේ නෑ. එසේ නම් සිතන්ට තිබෙන්නේ

කවුරුන් හෝ එය සොරකම් කොට කා ඇති බව යි. කාමයන් අත්හැර පැවිදි වූවන්ට මේ නෙළුම් අලයක් වැනි දෙයක් සොරකම් කිරීම නම් කිසිසේත් ගැලපෙන්නෑ."

එය ඇසූ තවුසන් සියලු දෙනා "අයියෝ... කවුරුහරි කරලා තියෙන්නේ මහා හයානක දෙයක් නොවැ." යි කම්පා වුණා. ඒ අවස්ථාවේ ඒ අසපුව පිහිටි බිමේ වනස්පති වෘක්ෂයට අධිගෘහිත දේවතාවා ද රුකින් බැස අවුත් ඔවුන් සමීපයේ හිඳගත්තා. හික්මවීම පිණිස දෙන දඬුවම් උහුලාගත නොහැකි එක්තරා ඇත්රජෙක් ද බැඳ තැබූ කණුවත් බිඳගෙන වනයට පලා ඇවිත් සිටියා. ඔහුත් වරින් වර ඇවිත් ඉසිවරුන් වඳිනවා. ඒ ඇත්රජාත් ඇවිත් පසෙකින් සිටගත්තා. නයි නටවන අහිගුණ්ඨිකයෙකුගේ බන්ධනයෙන් බේරී වනයට පැන ආ වඳුරෙකුත් එහි වසනවා. ඔහුත් ඇවිත් ඉසිවරුන් වැඳ එකත්පස්ව හිඳගත්තා. 'මේ ඉසිවරුන්ගේ සැටි දැන් බලන්ට ඇහැකි' යි සිතා සක්දෙවිඳුත් පැමිණ කිසිවෙකුට නොපෙනෙන පරිදි අදෘශ්‍යමාන ව පසෙකින් සිටියා.

එසැණින් මහාබෝසතුන්ගේ කණිටු සොයුරු උපකංචන තවුසා නැගිට්ටා. බෝසතුන් දෙසට වැඳගෙන, අන්‍යයන්ටත් ගෞරව දක්වා මෙය කීවා. "ගුරුදෙවිඳුනි, අන්‍යයන් ගැන නොවේ, මගේ පිරිසිදුකම කියන්ට අවසර ද?" "හොඳයි... කමෙක් නෑ."

"මං මේ ඉසිවරුන් අතරේ සිටයි කියන්නේ. ඉදින් මා විසින් නුඹවහන්සේට වෙන්කොට තැබූ නෙළුම් අල කොටස කෑවා නම් මට මෙබඳු දෙයක් වෙන්ට ඕනෑ" යි ශපථ කරමින් මේ පළමු ගාථාව කීවා.

01. බමුණ, ඔබේ නෙළුම්අල ටික යමෙක් පැහැරගති නම්
     අසුන් ගවයන් රන් රිදී හා අඟුවක ද මනරම්
     දූපුතුන් දැසි දසුන් හා එක්ව විසුම ඔහුට ලැබේවා!
     ඒවා නැතිවන විට ඔහුට බොහෝ දුක් උපදිනු ඇත

     එය ඇසූ ඉසිවරු "හපොයි... නිදුකාණෙනි, මේ
ශපථ කිරීම නම් මහා බරපතලෙට කළා නොවැ." යි
දැත්වලින් දෙකන් වසාගත්තා. බෝධිසත්වයෝ "දරුව,
මහා බරපතලෙට දිව්රීම කළා නොවැ. තොප මගේ
ආහාර කොටස සොරකම් කොට කාලා නෑ. තමුන්නේ
තැන වාඩි වෙන්ට" යි කීවා.

     එසැණින් දෙවෙනි සොයුරා නැගිට බෝසතුන්ට
වන්දනා කරමින් තමන්ගේ පිරිසිදු බව දක්වා මේ ගාථාව
පවසමින් ශපථ කළා.

02. බමුණ, ඔබේ නෙළුම්අල ටික යමෙක් පැහැරගති නම්
     රන් අබරණ කසීසළ හා සඳුන් ඇති තරම්
     බොහෝ දූපුතුන් පියකරු වස්තු ද මනරම්
     ලබා සියලු දේ එයට දැඩි ව ඇලී වසන්ට ලැබේවා!
     ඒවා නැතිවන විට ඔහුට බොහෝ දුක් උපදිනු ඇත

     මෙය කියා ඔහු වාඩිවුණා. අන් සියලු දෙනාත් තම
තමන්ගේ අදහස් පරිදි ශපථ කරමින් ඒ ඒ ගාථා පවසා
සිටියා. තුන්වෙනි සොයුරු තවුසා නැගිට මෙය පැවසුවා.

03. බමුණ, ඔබේ නෙළුම්අල ටික යමෙක් පැහැරගති නම්
     බොහෝ ධනය හා පිරිවර ඇති ගොවියෙකු වේවා!
     දරුවන් ද ලබා සියලු කම්සුව විඳ විඳ
     ඒවාට ම ගිජු වී ගෙදර ම නාකි වේවා!
     ඒවා අත්හළ නොහැකිව බොහෝ දුක් විඳීවා!

අනතුරුව නැඟීසිටියේ සිව්වෙනි සොහොයුරා ය. ඔහු මේ ගාථාව පවසා සිය නිර්දෝෂී බව මෙසේ ශපථ කළා.

04. බමුණ, ඔබේ නෙළුම්අළ ටික යමෙක් පැහැරගති නම්
ඔහු රටවල් මැඩගෙන යන බලගතු රජෙක් වේවා!
රාජබලයෙන් බලවත්ව බොහෝ කිතුයසගොස මැද
සිව් දෙසට අධිපති වී බලයෙන් අන්ධ වේවා!
ඒවා අහිමි වන විට බොහෝ දුක් විදවනු ඇත

පස්වෙනි සොයුරාත් නැඟී සිටියේය. ඔහු ශපථ කොට කීවේ මේ ගාථාව ය.

05. බමුණ, ඔබේ නෙළුම්අළ ටික යමෙක් පැහැරගති නම්
ලාභයෙන් මුසපත් වන ඔහු පුරෝහිතයෙක් වේවා!
නැකත් කේන්දර නිමිති බලමින් දිවි ගෙවා
රජුගෙන් පිදුම් ලැබ බොහෝ පිරිවර ලැබගනීවා!
ඒවා අහිමි වනවිට දුක් විදිනු ඇත යස රැගට

සයවෙනි සොයුරා අනතුරුව නැඟිට සිය නිර්දෝෂී බව කියමින් මෙසේ ශපථ කළා.

06. බමුණ, ඔබේ නෙළුම්අළ ටික යමෙක් පැහැරගති නම්
ඔහු හැම වේද දන්නා මහඟත් බමුණෙක් වේවා!
හැම රටවැසියන් අතරේ මහඍසිවරයෙකු සේ
බොහෝ පුද සැලකිලි ලබා වැජඹී එයට ම රැවටී
එයින් ම මුලාවට පත්වී එහි ගිජු ව වෙසේවා!
ඒවා අහිමි වන විට ඔහු බොහෝ දුක් විදිනු ඇත

ඊළඟට නැඟී සිටියේ සත්වෙනි සහායක තවුසා ය.

ඔහු මේ ගාථාව පවසා ශපථ කරමින් සිය නිර්දෝෂි බව
පළ කළා.

07. බමුණ, ඔබේ නෙළුම්අල ටික යමෙක් පැහැරගති නම්
සක්දෙවිඳුගෙන් ලද හැම යස ඉසුරු පිරිගිය
මහා ගම්වරයක් බඳු පෙදෙසක අධිපතියෙක් වේවා!
එහි මුළා වී ගිජුවුණ සිතින් ඔහුගෙ මරණය වේවා!
කාමයන්හි ගිජු කෙනා බොහෝ දුක් විඳිනු ඇත

අටවැනි දාසයා තමාගේ පිරිසිදු බව පවසා මේ
ගාථාව කීවා.

08. බමුණ, ඔබේ නෙළුම්අල ටික යමෙක් පැහැරගති නම්
නැටුම් ගැයුම් කෑම්බීම් හැම සැප ඔහු ලබා
රජුගෙනුත් කිසි කරදරයක් නොවී
එයට මුළා වූ කෑදර ගම්පතියෙක් වේවා!
කාමයන්හි ගිජු කෙනා බොහෝ දුක් විඳිනු ඇත

දැන් පැමිණියේ කංචනදේවී තවුසියගේ වාරය යි.
ඇය ද තමාගේ පිරිසිදු බව දක්වා ශපථ කොට මේ
ගාථාව කීවා.

09. බමුණ, ඔබේ නෙළුම්අල යම් එකියක් පැහැරගති නම්
පොළොවට අධිපති තනි මහරජෙකුගේ
දහසය දහසක් අන්තඃපුර ළඳුන් මැද තනි වී
ඇය අගමෙහෙසියක වී යස ඉසුරෙන් ගිජු වී
කාම අසුචි වළේ වැටී මුළා වී වසාවා!
කාමයන් නිසා ඇය බොහෝ දුක් විඳිනු ඇත

ඊළඟට දාසිය නැගී සිට සිය පිරිසිදු බව දක්වා මේ
ගාථාව කීවා.

10. බමුණ, ඔබේ නෙළුම්මල යම් එකියක් පැහැරගති නම්
    තම අධිපති ස්වාමියා හා පවුලේ සැම මැද
    කිසි ලැජ්ජා හයක් නැතිව මැද අසුනේ හිඳ
    රසවත් කෑම බීම ඇට කන්ට ලැබේවා!
    කුහක ගති පෙන්වා ඇය බොහෝ ලාභ ලබාවා!
    ඒ තුළින් ම ඇ කෙමෙන් පිරිහී යනු ඇත

එවිට එතන වාඩි වී සිටි රුක්දෙවියාත් නැගී සිට දෑත්
බැඳ වැඳගෙන මේ ගාථාව කියමින් ශපථ කළා.

11. බමුණ, ඔබේ ආහාරය යම්දෙවියෙක් පැහැරගති නම්
    පෙර කසුප් බුදුන් කල කජංගල නගරේ
    යොදුනක සුවිසල් දිරාගිය මහවෙහෙරක්
    පිළිසකර කරන්ට ගොස් මහා දුකක් විඳි
    නේවාසික මහතෙරුන්ට වූ දේ ඔහුට ද වේවා!
    කිසි විවේකයක් නැති, පිළිසකර කරන අයෙකු වී
    එක් දිනකින් ජනේල හදන්ට සමතෙකු වී
    ඔහු බොහෝ දුක් අනුභව කෙරේවා!

දෙවියාගේ ගාථාව නිමවීමත් සමග අසල සිටි
ඇත්රජා තමාගේ පිරිසිදු බව දක්වමින් මේ ගාථාව කියා
ශපථ කළා.

12. බමුණ, ඔබේ ආහාරය යම් ඇතෙක් පැහැරගති නම්
    ඔහු සොඳුරු වනයක මහඇතෙකු ව සිට
    රජුගේ සේවකයන්ට හසුවී
    පා සතරත්, ගෙලත්, බඳත්, සය තැනින් බැඳ
    හෙණ්ඩුවෙන් අනිමින් නගරයට ගෙන ගොස්
    කණුවේ ගැටගසා ලබන බොහෝ දුක් විඳීවා!

ඇත්රජාගේ ගාථාව නිමවූ සැණින් වඳුරා නැගිට්ටා. බෝසතුන් දෙසට වන්දනා කොට සිය පිරිසිදු බව දක්වා මේ ගාථාව පැවසුවා.

13. බමුණ, ඔබේ ආහාරය යම් වඳුරෙක් පැහැරගති නම්
     අභිගුණ්ඨිකයෙකුට ඒ වඳුරා හසුවේවා!
     ඉන් පසු ඔහුගේ කන් විද රියම් තෝඩු දමා
     වරාමලින් කළ මාලයකුත් ගෙල වට දමා
     අභිගුණ්ඨිකයාගෙන් වේවැල් පහර යසට කකා
     නයිනැටුම් උගත් බොහෝදුක් විදින වඳුරෙක් වේවා!

මෙසේ දහතුන් දෙනෙකු විසින් තම තමන්ගේ පිරිසිදු බව ගැන වෙන වෙනම ගාථා පවසා ශපථ කොට සිටිවිට මහා බෝධිසත්වයෝ මෙය සිතුවා. 'ඒ නෙළුම් අල ටික නැති වූ බවක් මා බොරුවට හඟවා කියනවා ය කියා බාගදා මේ උදවියට සිතෙන්ට පුළුවනි. මා මුළා වූ සිතින් අභූත චෝදනා කරනවා ය කියා මා ගැන අමනාප වෙන්තත් පුළුවනි. එනිසා මගේ පිරිසිදු බවත් දක්වා ශපථ කරන්ට ඕනෑ.' යි මේ ගාථාව පැවසුවා.

14. මෙතන ගාථා කිවූ අය වරදවා හෝ මා ගැන
     තිබුණා ම වූ නෙළුම් අල මා විසින් අනුහව කොට
     එය නැති වූයේය කියා මා විසින් කියන බවට
     ඔබ සියලු දෙනා තුළ සැක ඇතිවෙන්ට ඉඩ ඇත
     තිබුණා ම වූ තම දෙය නැති වූයේ යයි කියා
     යම් ප්‍රධාන තවුසෙක් ඒ ගැන කියයි නම්
     ඔහු පංචකාම බන්ධනයට ම හසුවේවා!
     උතුම් පැවිදි බව අහිමි කරගෙන
     ලාමක ගිහිගෙය තුළ මරණය උරුම කරගනීවා!

ඉසිවරුන් විසින් මෙසේ ශපථ කරමින් ගාථා කියද්දී එහි අදෘශ්‍යමාන ව කාටවත් නොපෙනෙන්ට අසා සිටි සක්දෙවිඳු භයට පත්වුණා. 'අනේ... මං මේ සෘෂිවරුන්ගේ අදහස් විමසන අදහසිනුයි නෙළුම් අල ටික සැඟවුයේ. මේ පින්වත් තවුසන් කාරා දැමූ කෙළපිඬක් සේ වස්තුකාම ක්ලේශකාමයන්ට ගරහමින් ශපථ කොට තම තමන්ගේ පිරිසිදු බව දක්වා සිටියා. කාමයන්ට මෙතරම් ගරහන කරුණු කිමැයි මහතවුසාගෙන් අසන්ට ඕනෑ' යි සිතා තමාගේ දිව්‍ය වේශය පෙනෙන්ට සලස්වා මහබෝසතුන් වැඳ මේ ගාථාව කීවා.

15. මනුලොව වසන බොහෝඅය කම්සුව ලබනු කැමතිය
    විඳිමින් නොයෙක් සෝර දුක් කරති රකී රක්ෂා
    දෙව් මිනිස් හැමට කම්සුව ප්‍රිය මනාප ය ඉතා
    එහෙත් මේ ඉසිවරු ගැරහුවෝය කම්සුවයට ම
    මා අසන මේ පැනයට පිළිතුරු දෙනු මැනව
    කාමයට මෙතරම් ගැරහුයේ ඇයිදැයි කිව මැනව

සක්දෙවිඳු ඇසූ පැනයට පිළිතුරු දෙමින් බෝධිසත්වයෝ මේ ගාථා දෙකින් විස්තර කළා.

16. සක්දෙවිඳුනි, කම්සුවට මුළු දිවි ම කැප කළ අය
    මෝහයෙන් මුළා වී රැස් කරත් ම ය බොහෝ පව්
    එනිසා ම ලබති දඬුවම්, ලඟිති සිරගෙවල්වල
    මැරුම් කන්ටත් සිදුවේ, හැම දුක් භය උපදවයි

17. කම්සැපට ගිජු අය එනිසා ම පව් රැස්කොට
    මරණයට පත් වූ විට සෝර නිරයේ උපදිති
    කම්සැප තුළ තිබෙන මේ භයානක විපත දැන
    ඉසිවරු කිසිදාක නොපසසත් ම ය කාමයන්

මෙය ඇසූ සක්දෙවිඳු මහත් සංවේගයට පත් ව මේ ගාථාව පැවසුවා.

18. අනේ පින්වත් හිමිසඳ, මෙහි සිටින ඉසිවරු හැම
කාමයන්ට නොබැඳුණු, සිතින් වසනා තවුසෝ ද
නැතිනම් කම්සුව සිත සිතා, වනයේ සිටින අයදැයි
විමසා බලන්ට ඔබ ගැන, සිතක් ඇතිවුනි මට
තොපට වෙන් කළ නෙළුම් අල, මා ය සැඟවුයේ
මේ තියෙන්නේ සඟවන ලද, ඒ නෙළුම් අල ටික ය
ඉසිවරු පිරිසිදු ය, වසත් ම ය පාප රහිත ව

සක්දෙවිඳුට අවවාද කිරීම් වශයෙන් බෝධිසත්වයෝ
මේ ගාථාව පැවසුවා.

19. දෙව්රජ, දත මැනව අප තොප නැට්ටුවෝ නොවේ
එසේ ම සෙල්ලමකට ගත යුතු අය ද නොවේ
එසේ ම තොපගේ නෑසියන්, මිතුරන් ද නොවේ
දහස් නෙත් ඇති තොප විසින්, කිම ද මේ අයුරින්
තපස් රකිනා ඉසිවරුන් හට, පීඩා පමුණුවන්නේ?

එතකොට සක්දෙවිඳු වන්දනා කරමින් මේ ගාථාව
පැවසුවා.

20. අනේ ගුරුදෙවිඳුනි, මා පියා බඳු වේ තොප
මා අතින් වූ වරදට, තොප පා සෙවණේ වැතිරී
කමා අයදිම් මම්, කමා කළ මැනව නැණවතාණනි,
නැණැතියෝ ඉවසීම බලය කොට වසත්
ක්‍රෝධය බලය කොට නොවසත්

එතකොට බෝධිසත්වයෝ සක්දෙවිඳුන්ට සමාව දී
ඉසිවරයන්ගෙන් ද සමාව ගනිමින් මේ ගාථාව පැවසුවා.

21. කාමයන්හි නොඇලුණු සිතින්, එක් රැයක් හෝ
මේ වනයෙහි ඉසිවරුන්හට වසන්නට ලැබීමත්
ඉතා යහපත් විසුමකි
අද අපි සක්දෙවිඳු දුටුවෙමු
ගෙදර සිටි කලක නම්
මෙවැනි දැක්මක් කෙසේ නම් ලබන්ට ද?
ආචාර්ය බ්‍රාහ්මණයාගේ නැති වූ අහරත් ලැබුණා

සක්දෙවිඳු ඉසිවරුන් වැඳ අවසර ගෙන නොපෙනී ගියා. ඒ ඉසිවරු සියලු දෙනා ධ්‍යාන අභිඥා උපදවා සතුටින් වාසය කොට මරණින් මතු බඹලොව උපන්නා. භාග්‍යවතුන් වහන්සේ මේ ජාතක ධර්මය දේශනා කිරීමෙන් අනතුරුව "මෙසේ හික්ෂුව, පුරාණ කාලයේ විසූ නුවණැති අය ශපථ කොට පවා කාමයන් ගැන ඇති ආශාව දුරු කළා" යි චතුරාර්ය සත්‍ය ධර්මය වදාළා. ඒ දේශනාව අවසානයේ සිවුරු හැර ගිහි වෙන්ට සිතා සිටි හික්ෂුව සෝවාන් ඵලයට පත් වුණා. භාග්‍යවතුන් වහන්සේ මේ ජාතක දෙසුම ගලපා නිමවමින් මේ ගාථාවන් වදාළා.

■ මහබෝසතුන් හා එදා සාරිපුත්තයෝ ද
මොග්ගල්ලානයෝ ද මහාකස්සප, අනුරුද්ධ,
පුණ්ණ සහ ආනන්ද යන පිරිස සොයුරු තවුසන් ව
සිටියෝ.

■ උප්පලවණ්ණා කංචනදේවී නැගණි තවුසිය ව
සිටියා, බුජ්ජුත්තරා දාසිය වුවා, චිත්ත ගෘහපති දාස
ව සිටියා, එකල රුක් දෙවි ව සිටියේ සාතාගිරි නම්
යකු ය.

■ එදා ඇත්රජු ව සිටියේ පාරිලෙය්‍යක ඇතා, මෙකල

මීවදය පිළිගැන්වූ වඳුරා ම ය එදාත් වඳුරා. එදා සක්දෙවිඳු ව සිටියේ මෙදා කාළුදායී.

06. සුරුවි ජාතකය
විශාඛාවට දුන් වරය ගැන කතාව

පින්වතුනේ, පින්වත් දරුවනේ,

අප භාග්‍යවතුන් වහන්සේ විසින් විශාඛා මහෝපාසිකාවට දෙන ලද වර අටක් පිළිබඳව වූ කතාබහ නිසා සංසයාගේ ප්‍රශංසාවට ඇය ලක්වුණා. ඇයට පෙර ආත්මයකත් එසේ වර ලැබුණ බව දැක්වීමයි මේ කතාවෙන් කියවෙන්නේ.

අප භාග්‍යවතුන් වහන්සේ සැවැත් නුවර විශාඛා මහෝපාසිකාව විසින් කරවන ලද මිගාරමාතු ප්‍රාසාදයේ වැඩවසන සමයේදී ය මේ ජාතක දේශනාව වදාළේ. එහි පසුබිම් කතාව මෙය යි.

දිනක් විශාඛා මහෝපාසිකාව සැවැත් නුවර ජේතවනයට ගොස් බණ අසා භාග්‍යවතුන් වහන්සේට හා භික්ෂු සංසයාට පසුවදා දානය පිණිස ඇරයුම් කොට පිටත් ව ගියා. එදා රෑ ඇවෑමෙන් සතර මහදිවයිනට ම වසින මහා වරුසාවක් ඇදහැලුණා. එවිට භාග්‍යවතුන් වහන්සේ ජේතවනවාසී භික්ෂුන්ට මෙය වදාළා. "මහණෙනි, මේ වරුසාව සතර මහදිවයිනට ම වහිනවා. එළියට බැස වැස්සෙන් සිරුරු තෙමා ගනිව්. සිව්

මහදිවයින පුරා ම වසින අන්තිම වරුසාවයි මේ.” හික්ෂුන් වහන්සේලාත් සිරුරු තෙමා ගත්තා. දානයට කල් පැමිණි විට භාග්‍යවතුන් වහන්සේ තෙමී ගිය සිරුරු ඇති හික්ෂුන් සමග ඉර්ධි බලයෙන් ජේතවනයෙන් නොපෙනී ගොස් විශාඛාවගේ නිවස ඉදිරිපිට පහළ වුණා.

මහෝපාසිකාව පෙරට ඇවිත් සංඝයාට වන්දනා කොට සංඝයා දෙස බලා මෙය කීවා. “අනේ ස්වාමීනී, භාග්‍යවතුන් වහන්සේගේ මහානුභාවය නම් මහා ආශ්චර්ය යි. අද්භූත යි. මේ මහා වරුසාව නිසා සැවැත් නුවර පුරා දණට ඉහළින් වතුර ගලාබසිද්දී එක හික්ෂුවකගේ- වත් පා තෙමිලත් නෑ. සිවුරු තෙමිලත් නෑ.” යි තුටු පහටු ව ඔදවැඩුණු සිතින් බුද්ධ ප්‍රමුඛ මහා සංඝයා උදෙසා ප්‍රණීත දන් පිළිගැන්නුවා. දන් වළඳා අවසන් වූ පසු මහෝපාසිකාව “ස්වාමීනී, මට වර අටක් දෙන සේක්වා!” යි ඉල්ලා සිටියා.

“විශාඛා, තථාගත සම්බුදුවරු වර ඉල්ලීම් ඉක්ම ගිය ඇත්තෝ නොවැ.”

“ස්වාමීනී, මා මේ ඉල්ලන සෑම වරයක් ම කැපසරුප් සහිත යි. වරදින් තොර යි.”

“එහෙනම් විශාඛා, ඒ වර මොනවාදැයි කියන්න.”

“ස්වාමීනී, මං දිවි තිබෙනා තුරැ,

1.	සැවැත්නුවර වැඩඉන්න සියලු හික්ෂු සංඝයාට වැසි සළු පුදන්ට කැමතියි.

2.	ආගන්තුකව වඩින සංඝයාට ආගන්තුක දන් පුදන්ට කැමතියි.

3. ගමන් වඩින සංසයාට ගමිකදානය පුදන්ට කැමතියි.

4. ගිලන් හික්ෂු සංසයාට ගිලන් දානය පුදන්ට කැමතියි.

5. ගිලන් හික්ෂුන්ට උපස්ථාන කරන සංසයා උදෙසා ගිලානෝපස්ථාන දානය දෙන්ට කැමතියි.

6. හික්ෂු සංසයාට ගිලන් බෙහෙත් ඖෂධ පුදන්ට කැමතියි.

7. දිනපතා සංසයා උදෙසා හීල කැඳ දානය පුදන්ට කැමතියි.

8. එසේ ම දිවි ඇති තෙක් හික්ෂුණී සංසයා උදෙසා දියසළු පුදන්ට කැමතියි."

"විශාඛා, තොප විසින් මේ අට වරය ඉල්ලන්නේ කවර යහපතක් ඉලක්ක කොටගෙන ද?" එතකොට විශාඛා මහෝපාසිකාව ඒ වරයන් ලදහොත් පෞද්ගලිකව තමාටත්, පොදු වශයෙන් හික්ෂු මහා සංසයාටත් සිදුවන යහපත කියා සිටියා. එයට සතුටු වූ භාග්‍යවතුන් වහන්සේ ඒ වර අට දී වදාළා. "සාදු සාදු විශාඛා, ඔබ විසින් මේ අනුසස් සලකාගෙන යි වර අට ඉල්ලන්නේ. ඉතා හොඳයි. ඔබට මේ වර අට ම දෙනවා." යි වදාරා අනුමැතිය දී පුණ්‍යානුමෝදනා කොට පූර්වාරාමයට වැඩියා.

ඒ දිනවල භාග්‍යවතුන් වහන්සේ වැඩසිටියේ පූර්වාරාමයේ. එදා දම්සභා මණ්ඩපයේ රැස්වූ හික්ෂු සංසයා අතර මේ කතාව හටගත්තා. "ඇවැත්නි, බලන්ට. ස්ත්‍රී ආත්මයක සිට පවා විශාඛා මහෝපාසිකාව තථාගතයන් වහන්සේගෙන් වර අටක් ම ලැබුවා නොවැ. සැබැවින්

ම... ඇය නම් මහා ගුණසම්පත් ඇති උපාසිකාවක්!"

ඒ අවස්ථාවේ භාග්‍යවතුන් වහන්සේ එතැනට වැඩම කොට වදාලා. භික්ෂුන් වහන්සේලා කතා කරමින් සිටි කරුණ භාග්‍යවතුන් වහන්සේට සැලකළා. "මහණෙනි, විශාඛා මා අතින් වර ලබාගත්තේ මේ ආත්මයේ පමණක් නොවේ. පෙර ආත්මයකත් වර ලබා තියෙනවා." යි මේ සුරුවි ජාතකය වදාලා.

ඉතා ඈත අතීතයේ මිථිලා නගරයේ සුරුවි නමින් රජෙක් රාජ්‍ය කරමින් සිටියා. ඔහුට සුරුවි කුමාරයා නමින් පුතුයෙකුත් සිටියා. ඒ පුතුයා නිසි වයසේදි ශිල්ප ඉගෙනීම පිණිස තක්ෂිලා ගොස් එහි නගර දොරටුවේ ඇති අම්බලමක වාඩිවී උන්නා. බරණැස් රජුගේ පුත්‍ර වූ බඹදත් කුමරාත් ශිල්ප ඉගෙනීමට තක්ෂිලා ඇවිත් ඒ අම්බලමට ම ගොඩවී සුරුවි කුමරා වාඩිවී සිටි පලකයේ ම වාඩිවුණා. දෙන්නා කතාවට වැටුණා. හොඳම මිතුරන් බවට පත්වුණා. එක ම දිසාපාමොක් ආචාරීන් යටතේ එකට ශිල්ප හදාරා එමින් ගමන එකට ම එන්ට පිටත් වුණා. අතරමගදී දෙන්නා වෙන් වෙන මංසන්ධියකට පැමිණුනා. මිතුරුදමින් වැළඳගෙන දිගටම මිතු ධර්මය රකින්ට පොරොන්දු වුණා. දෙන්නාගෙන් එක් අයෙකුට පුතෙකු ලැබී අනිකාට දුවක ලැබුණොත් ඒ දෙන්නා අතරේ කසාදය කෙරෙන්ටත්, එක් අයෙකුට දුවක ලැබී අනිකාට පුතෙකු ලැබුණොත් ඒ දෙන්නා අතරේ කසාදය කෙරෙන්ටත් එකඟ වුණා.

දෙදෙනාට ම නිසි කාලයේදී රජකම ලැබුණා. කලක් යද්දී සුරුවි මහරජුට පුත් කුමරෙකු ලැබුණා.

පුත් කුමරාටත් සුරුචි යන නම තැබුවා. බඹදත් රජුට දුවක ලැබුණා. ඇයට සුමේධාදේවී යන නම ලැබුණා. සුරුචි කුමරා තක්ෂිලා ගොහින් ශිල්ප හදාරා පැමිණි පසු පියරජ ඔහුට රාජාභිෂේක කරවන්ට කැමති වුණා. බරණැස් රජුගේ දියණිය අගමෙහෙසිය කරවන අදහසින් බොහෝ තෑගිභෝග සහිතව බරණැසට ඇමතිවරුන් පිටත් කෙරෙව්වා. ඇමතිවරුන් නොපැමිණ සිටියදී ම බරණැස් රජ දේවියගෙන් මෙය ඇසුවා.

"සොදුරී, පිරිමින්ට නොලැබෙන, කාන්තාවන්ට පමණක් ලැබෙන විශේෂ දුකක් තියේ ද?" "හපොයි තියෙනවා ස්වාමී, මං තේරුම් ගත් ලොකු ම දුක තමයි බිරින්දෑවරු ගොඩාක් ඉන්න තැනකට මැදිවීමේ දුක!"

"එහෙනම් සොදුර, අපේ එක ම දූ එවන් දුකකට මැදි වෙනවාට මං කැමති නෑ. ඇයව ඒ දුකෙන් මං නිදහස් කරනවා. කවුරු හෝ එක ම බිරිදක් පමණක් සහේට ගන්ට කැමති ද, ඔහුට පමණයි දුව දෙන්නේ."

සුරුචි මහරජුගේ ඇමතිවරු ඇවිත් බඹදත් රජු බැහැදැක පැමිණි කරුණ පවසා සිටියා. රජ මෙසේ පිළිතුරු දුන්නා. "දරුව, කාරණාව හැබෑව. මයෙ හිත මිතුරු සුරුචි රජුන් සමග එවැනි එකඟතාවයක උන්නා තමයි. නමුත් මයෙ දියණිය මහා ස්ත්‍රී සමූහයක් මැද්දට හෙළන්ට මං කැමති නෑ. වෙනත් බිසෝවරුන් පාවා නොගෙන මාගේ දියණිය පමණක් එක ම බිසව කොට වසන අයෙකුට පමණයි මං දරුවා දෙන්නේ."

එතකොට ඇමතිවරු නැවත ගොහින් සුරුචි රජුට මෙය සැලකළා. රජතුමා මෙය කීවා. "හෝ... ඒ වුණාට...

අපගේ මේ රාජ්‍යය මහවිශාලයි නොවැ. මිථිලා නගරය ම සත්‍යොදුනක් විශාලයි. රාජ්‍ය සීමාව යොදුන් තුන්දහසක් විශාලයි. මයෙ අදහස නම් අඩුගණනේ දහසය දහසකවත් අන්තඃපුර ස්ත්‍රීන් ඉන්ට ඕනෑ. අපි ඔය කටයුත්ත අතහරිමු. අපට හරියන්නේ නෑ." යි අකැමති වුණා.

නමුත් සුරුවි කුමාරයා සුමේධාදේවියගේ මනඃකාන්ත සුරූපී දේහවිලාසය ගැන කලින් ම අසා තිබුණා. ඈ ගැන පමණ ම යි සිත බැඳී තිබුණේ. "මං සරණපාවා ගන්නේ එක ම ස්ත්‍රියක පමණයි. මහා ස්ත්‍රීන් සමූහයක් මට ඕනෑන්නේ නෑ." කියා බඹදත් රජුට පයින්දයක් යැව්වා. කුමරාගේ වචනය සතුටින් පිළිගත් බඹදත් නිරිඳා බොහෝ ධනය පිටත් කොට, මහපිරිවරින් සුරුවි කුමරු කැඳවා, සුමේධාදේවිය එක ම බිසව කොට රාජ්‍යාභිෂේකය කෙරෙව්වා. ඔහු ද සුරුවි මහරජ යන නමින් රාජ්‍ය කරමින් ඉතා සතුටින් වාසය කළා. දස දහසක් වසර ගෙවී ගියා. තවමත් ඒ දෙදෙනාට පුතෙකුවත් දුවකවත් ලැබුණේ නෑ.

නගරවැසියෝ රාජාංගණයට රැස් ව සෝෂා කරන්ට පටන් ගත්තා. එයට කරුණ කිමැයි ඇසුවිට ඔවුන් මෙය කීවා. "අනේ දේවයන් වහන්ස, නුඹවහන්සේගේ වෙනත් දෝෂයක් නෑ. නුමුත් රාජවංශය ඉදිරියට ගෙන යන්ට තවම පුත්කුමරෙක් නෑ තොවැ. එක ම බිසොවක් තොවැ ඉන්නේ. අඩුගණනේ අනික් රජවරුන්ට වගේ දහසය දහසක ස්ත්‍රීන්වත් ඉන්ට ඕනෑ නෙවෙද? දේවයන් වහන්ස, ස්ත්‍රී සමූහයක් තබාගන්ට. එතකොට පින්වත් බිසොවකට පුත්‍රලාභයක් ලැබේවි!"

"දරුවෙනි, තොප මේ මොනාද දොඩන්නේ?

මං. මයෙ බිසව ගනිද්දී ප්‍රතිඥා දුන්නා නොවැ ස්ත්‍රීන් සමූහයක් ගන්නේ නැත කියා. ඒ කීම බොරුවක් කරගන්ට මං කැමති නෑ. මට වෙනත් ස්ත්‍රීන් ඕනැන්නේ නෑ." යි ඔවුන්ව පිටත් කෙරෙව්වා.

සුමේධාදේවිය ඒ කතාව අසා සිටියා. 'ඕහ්... මහරජු සත්‍යවාදී නිසා නොවැ වෙනත් ස්ත්‍රීන් කැදවාගෙන නොඑන්නේ. හරි... එහෙනම් ස්ත්‍රීන් කැදවාගෙන එන කටයුත්ත මට භාරයි.' යි සිතා රජුගේ මාතෘභාර්යා තනතුරේ තමා සිට, ඇයගේ කැමැත්තට අනුව රාජකන්‍යාවන් දහසකුත්, අමාත්‍ය කන්‍යාවන් දහසකුත්, ගෘහපති කන්‍යාවන් දහසකුත්, නෘත්‍ය දක්වන ස්ත්‍රීන් දහසකුත් යන සාර දහසක් ස්ත්‍රීන් අන්තඃපුරයට කැදවා ගත්තා. තව දසදහසක් වසරකුත් ගෙවී ගියා. රජුට දාව තවම පුතෙක් ලැබුණේ නෑ. මේ උපායෙන් වසර දසදහස බැගින් ගෙවී යද්දී තවත් තුන් වතාවකට ස්ත්‍රීන් සාර දහස බැගින් කැදවාගෙන ආවා. මෙසේ පනස් දහස් වසරක් ගෙවී ගියා. දරු සම්පත් නෑ. නැවතත් රජමිදුලට පැමිණි නගරවැසියෝ සෝෂා කොට "දේවයන් වහන්ස, නුඹවහන්සේ සියලු බිසෝවරුන්ට තම තමන්ට ශක්ති පමණින් දරුවෙකු ප්‍රාර්ථනා කරන්ට කියා දැනුම් දෙන්ට." යි ඉල්ලා සිටියා.

එතැන් පටන් සියලු ස්ත්‍රීන් පුතෙකු පතමින් නොයෙක් දෙවිවරුන්ට වැදුම් පිදුම් කරන්ට පටන් ගත්තා. නා නා වුත චර්යාවන්හි යෙදුණා. රජතුමා සුමේධාදේවියටත් පුතෙකු පතන්ට කියා පවසා සිටියා. සුමේධා දේවියත් එයට කැමති වුණා. ඇය පුන් පොහෝ දිනක අටසිල් උපෝසථ සමාදන් වුණා. සිරියහන් ගැබට වැද මිටි අසුනක හිඳ

තමා සමාදන් වූ සිල්පද ගැන නැවත නැවත ආවර්ජනා කරමින් වාසය කළා. අනික් බිසෝවරු උයනට ගොස් නොයෙක් තවුසන් විසින් උගන්වන ලද විවිධ වතයන්හි යෙදුණා. සුමේධාදේවියගේ සිල්තෙදින් ශක්‍රභවන කම්පා වුණා. සක්දෙවිඳු ඒ කිමැයි විමසා බැලුවා.

'ඕ... මනුලොව සුමේධාදේවිය උතුම් සිල් දරමින් පුතෙකු පතනවා නොවැ. ඇයට පුතෙකු දෙන්ට ම ඕනෑ' යි සුමේධාදේවියගේ කුස උපදින්ට සුදුසු දිව්‍යපුත්‍රයෙකු සොයා බලද්දී නළකාර දිව්‍යපුත්‍රයාව දකින්ට ලැබුණා.

නළකාර දිව්‍යපුත්‍රයා ඉතා පින්වත්. පෙර ආත්මයක ඔහු බරණැස ඉපිද සිටියදී රැකියාවට කළේ ගොවිතැන්. දිනක් දාස කම්කරුවන් සමග කුඹුරට යද්දී එක් පසේබුදුවරයෙකු දකින්ට ලැබුණා. උන්වහන්සේව දුටු ගමන් සිත පැහැදී, පිරිස කුඹුරට පිටත් කරවා එතන නැවතුණා. පසේබුදුන් සිය නිවසට වඩමවාගෙන ගොස් දානය පූජා කරගත්තා. යළි උන්වහන්සේව ගංතෙරට වඩමවාගෙන අවුත්, පුතාත් සමග දිඹුල් ලීයෙන් බිත්තිවල පහළ කණු සකසා, බටදඬුවලින් කුටියේ බිත්ති තනා, දොරක් ද සවිකොට, කුසතණවලින් වහල සෙවිලි කොට, එළියේ සක්මන් මළුවකුත් කරවා, පසේබුදුන්ව වස් සමාදන් කරවා ගත්තා. පිය පුතු දෙන්නා තුන් මසක් පුරා දන්පැන් පුදා, වස් අවසානයේ තුන් සිවුරු පිළිගන්වා උන්වහන්සේව පිටත් කෙරෙව්වා. මේ ක්‍රමයෙන් මේ දෙන්නා පසේබුදුවරුන් සත්නමකට වරින් වර උවටැන් කළා.

මේ පින්කම් කොට මරණින් මතු දෙන්නා ම තව්තිසාවේ උපන්නා. තව්තිසාවෙන් චුත වූ විට යළි

පහළට නොවැටී ඉහළ දෙව්තලවල ඉපදෙමින්, නැවත පහළ දෙව්තලවල ඉපදෙමින්, දෙව්ලෝ සයේ පමණක් දෙව් සිරි විඳිමින් සැරිසරමින් වාසය කළා. යළි තව්තිසාවේ ඉපිද සිටියදී චුත වූ විට ඉහළ දෙව්ලොවක උපදින්ට කැමැත්තෙනුයි ඔවුන් සිටියේ. එදා සක්දෙවිඳු ඔවුන්ගේ එක් විමන් දොරටුවක් ළඟට ගියා. එතකොට නළකාර දිව්‍යපුත්‍රයා අවුත් සක්දෙවිඳුට වැන්දා.

"නිදුක, දැන් තොප මනුලොව උපදින්ට කාලය ඇවිත්."

"අනේ මහරජුනි, මට මනුලොව පිළිකුල්. අප්‍රසන්නයි. එහි සිටියදී පින් කොට මා පැතුවේ දෙව්ලොව උපත පමණයි. නැවත එහි ගොස් කුමක් කරන්ටද?"

"නිදුක, තොප විසින් විඳ යුතු යම් දෙව්සැපක් ඇද්ද, මනුලොව එය ලැබේවි. විසිපස් යොදුනක් උස රත්නප්‍රාසාදයකයි තොපට වාසය කරන්ට ලැබෙන්නේ." එතකොට නළකාර දිව්‍යපුත්‍රයා නිහඬ ව ඒ අදහසට එකඟ වුණා.

සක්දෙවිඳු ඔහුගෙන් ප්‍රතිඥා ගෙන, ආනුභාව සම්පන්න සෘෂිවරයෙකුගේ වේශයෙන් රජළයනට ගොස්, නා නා ව්‍රතයන්හි යෙදී සිටි අන්තඃපුර ස්ත්‍රීන්ට ඉහළ අහසේ සක්මන් කරමින් තමාව දක්වා "තොපට පුත්‍ර වරයක් දෙමි! පුත්‍ර වරය ඕනෑ කාට ද?" "අනේ ස්වාමී, මට දෙන්ට. මට දෙන්ට." කියමින් දහස් ගණන් අත් අහසට එසැවුණා. "හරි... එසේ නම් තොපගේ සීලය කුමක්ද? ගුණධර්ම මොනවාදැයි දැන් කියන්ට ඕනෑ." එවිට ඔවුන් උඩට එසවූ අත් යළි පහළට හකුලාගත්තා. "අනේ ස්වාමී,

ඉදින් පුත්‍ර වරය දෙන්ට කැමති සිල්වත් තැනැත්තියකට නම්, සුමේධාදේවිය වෙත යන්ට” යි කීවා.

සක්දෙවිඳු අහසින් ම මාලිගයට ගොස් ඇයගේ වාසාගාරයේ සීමැදුරු කවුළුව අසල සිටගත්තා. සේවිකාවෝ දේවිය වෙත ගොස් 'දිව්‍යරාජයෙක් පුත්‍රවරයක් දෙන්ට ඕනෑ කියා අහසින් වැඩ සීමැදුරු කවුළුව අසල සිටගෙන ඉන්නවා' යි දැනුම් දුන්නා.

සුමේධාදේවිය ඉතා ගරුසරු ඇතිව සීමැදුරු කවුළුවේ සියලු පියන් හැර දෙව්රජු ඇමතුවා. “අනේ ස්වාමීනී, සිල්වතියකට පුත්‍රලාභය සලසන්නේය කියා නුඹවහන්සේ කී බව හැබෑවක් ද?” “එසේය දේවී.” “එහෙනම් මට දෙන්ට.” “තොපගේ සිල් මොනවාද, ගුණධර්ම මොනවාද කියා මට කියන්ට ඕනෑ. ඒවා අසා මං පැහැදුණොත් තමයි වරය දෙන්නේ.”

“එසේය ස්වාමීනී, අසා වදාළ මැනව” යි තමන්ගේ ගුණ පවසමින් මේ ගාථාවන් කීවා.

01. සුරුවි මහරජ මුලින්ම මා ය,
    මාලිගයට කැන්දන් ආවේ
    දස දහසක වසර ගෙවී ගියා,
    අපි දෙන්නා විතරයි එකට වාසය කළේ

02. ඉසිවරයාණෙනි මං මෙහෙට ඇවිත්,
    මිථිලාවේ වේදේහ රජුන් අතරේ
    සිතින් කයින් හෝ වචනයකින්වත්
    එළිපිට හෝ රහසේ වේවා, මා සුරුවි රජුන් හැර
    ඉක්ම ගිය වගක් මම නම් නොදනිමි

03. ඉසිවරයාණෙනි, මේ සත්‍ය වචනයෙන්
මට පුතුලාභයක් වේවා!
මා පවසන්නේ බොරුවක් නම්
සත්කඩට මාගේ හිස පැලේවා!

04. මගෙ සැමියාගේ පියරජු හා මවිබිසව විසින්
යහපත් ලෙස මා හික්මෙව්වා
තවමත් මා ඉන්නේ එලෙසයි

05. ඉසිවරයාණෙනි, මේ සත්‍ය වචනයෙන්
මට පුතුලාභයක් වේවා!
මා පවසන්නේ බොරුවක් නම්
සත්කඩට මාගේ හිස පැලේවා!

06. එසේ ම දහසය දහසක් වූ සමාන බිරියන් මැද
වසනවිටදි මා ඔවුන් කෙරෙහි කිසිදා
ඊර්ෂ්‍යාවක් හෝ ක්‍රෝධයක් හෝ
නෑ ම යි මගේ සිතේ නම් හටගත්තේ

07. ඉසිවරයාණෙනි, මේ සත්‍ය වචනයෙන්
මට පුතුලාභයක් වේවා!
මා පවසන්නේ බොරුවක් නම්
සත්කඩට මාගේ හිස පැලේවා!

08. ඒ කතුන් විඳින සැප දැක මං සතුටු වුණා
කිසිවිට ඒ අය මට අප්‍රිය ද නැතේ
හැමදාක ම මං මට වාගෙම
ඒ හැම බිරියන්තත් අනුකම්පාවෙන් සිටියා

09. ඉසිවරයාණෙනි, මේ සත්‍ය වචනයෙන්
මට පුතුලාභයක් වේවා!

මා පවසන්නේ බොරුවක් නම්
සත්කඩට මාගේ හිස පැලේවා!

10. දැසි දස් කම්කරුවන් හා උදව් ලබන අනිත් කාටත්
හැම කල්හි ම මං සතුටු සිතින්
හොඳින් ම සැලකුවා ඔවුන්හට

11. ඉසිවරයාණෙනි, මේ සත්‍ය වචනයෙන්
මට පුතුලාභයක් වේවා!
මා පවසන්නේ බොරුවක් නම්
සත්කඩට මාගේ හිස පැලේවා!

12. පැවිදි උතුමන් හා බමුණන්ටත්
දුගී මගී යදියනටත්, හැම කල්හි ම දන්පැන් දුන්නා
දන් දීමට මා මේ දෑත සෝදා සිටියා

13. ඉසිවරයාණෙනි, මේ සත්‍ය වචනයෙන්
මට පුතුලාභයක් වේවා!
මා පවසන්නේ බොරුවක් නම්
සත්කඩට මාගේ හිස පැලේවා!

14. තුදුස්වක, පසළොස්වක දා, හැම අටවක පොහොදා
විශේෂ දිනයන් පැමිණිය දා, සිල් සමාදන් ව සිටියා
ඒ හැම පෙහෙවස් දිනේදි මං සිල්ගෙන සංවර වුණා

15. ඉසිවරයාණෙනි, මේ සත්‍ය වචනයෙන්
මට පුතුලාභයක් වේවා!
මා පවසන්නේ බොරුවක් නම්
සත්කඩට මාගේ හිස පැලේවා!

ගාථා දහසකිනුත් පවසා අවසන් නොකළ හැකි තරම

ගුණදම් තිබූ ඇයගේ ගුණ මෙසේ ගාථා පසළොසකින් කී විට "ඔහෝ... සුමේධාදේවී... තී බොහෝ සිල් ගුණදම් ඇති පින්වන්තියකි" යි ඇයට ප්‍රශංසා කරමින් මේ ගාථා දෙක පැවසුවා.

16. මහා යස පිරිවර ඇති රජදේවී,
    මේ හැම ගුණදම් තොපට ඇතේ
    තමා ගැන පැවසූ ඒ හැම ගුණයන්
    යස අගේට දිවනෙතට පෙනේ

17. ඉතා උතුම් උපතක් ඇති, කිතු යසගොස පැතිරෙන
    රාජපුත්‍රයෙක් තොප කුස, උපතට වරම් ලැබුණා
    විදේහවැසි දැහැමිරජුට, උතුම් පුත්‍රැවනක් ලැබේවා!

අහසේ සිට මේ වරය දීම ගැන අසා මහත් සතුටට පත් දේවිය සක්දෙවිඳුගෙන් මෙකරුණ අසා මේ ගාථාව කීවා.

18. අදුන් කිසිවක් නොගා ඇතිමුත්
    කිසිවකින් ගත සරසා නැතිමුත්
    තවුස, ඔබ සොඳුරු රූ ඇතියෙකි
    අහසේ කිසිවක නොගැටී සිටිමින්
    මා හද සනසවමින් දෙඩුවෙය මිහිරි තෙපුල්

19. දෙව්ලොවින් බට දෙවියෙක් ද ඔබ?
    මහ ඉර්ධිමත් අන් කිසිවෙක් ද ඔබ?
    මෙහි පැමිණි කවරෙක් ද ඔබ?
    අනේ මට පහදා දෙනු මැන

එවිට සක්දෙවිඳු සුමේධාදේවියට මේ සය ගාථාවන් පවසා සිටියා.

20. සුධර්මා දෙව්සබයට රැස්වන
    දෙව් පිරිස යම් කෙනෙකුහට
    දහස් නෙත් ඇති සක්දෙවිඳු කියත් නම්
    පින්වත් සුමේධා, ඒ මා ය
    තොපගේ ගුණදම් දැක මෙහි ආවෙම් මම්

21. මනුලොව සිටින කුලකතුන්
    නුවණැති ව ගුණදම් සපුරමින්
    සිල්වත් ව පතිවත රකිමින්
    නෑදෑයිලන් හට කීකරු ව වසත් නම්

22. පින්වත් දේවිය තොපත්, සිත කය වදනින්
    පෙර භවයන්හිදිත්, දැහැමි දිවියක් ගෙව්වා
    සියලු කම්සුව ලැබෙන, මේ රජකුලේ උපන්නා

23. පින්වත් රාජදේවිය, තොප දිවිය
    මෙලොව ගෙවන අයුරු ඉතා යහපති
    පරලොවත් තොපගේ, දෙව්ලොව ය උපදින්නේ
    දෙලොවේ ම කිත් යසස් සොඳුරු ව පැතිර යන්නේ

24. නුවණැතිදේවී සැපසේ බොහෝකල් දැහැමිව වසාවා!
    තොප වැනි සිල්වතියක, දැක්ම මට ප්‍රිය මනාප ය
    ඒ මම යම් දැන් තව්තිසාවට' යි කියා සක්දෙවිඳු
    නොපෙනී ගියා.

නළකාර දෙව්පුතු එදින පාන්දර දෙව්ලොවින් චුත
ව සුමේධාදේවිය කුස පිළිසිඳ ගත්තා. ඇය මේ සියලු
තතු සුරුවි මහරජුට සැලකළා. රජතුමා ගැබ්පෙළහර
පැවැත්තුවා. දසමස් ඇවෑමෙන් පින්වත් පුත්‍රුවනක්
බිහිවුණා. පුත් කුමරාට 'මහාපනාද' යන නම ලැබුණා.

බරණැස, විදේහ යන දෙරටවැසියෝ අප ස්වාමිපුත්‍රයාට කිරි වියදම් කියා එක් එක් කහවණුව බැගින් රජමිදුලට දැමීම නිසා මහා රන්කාසි ගොඩක් ගොඩගැහුණා. රජතුමා ඒවා එපා කීවත් කුමාරයා වැඩෙන කාලෙට ගන්ට කියා දමා ගියා. මහාපනාද කුමරා යස පිරිවර මැද වැඩුණා. වයස දහසය වනවිට සියලු ශිල්පයෙහි අතිදක්ෂයෙක් වුණා. දිනක් රජ, සිය පුත්කුමරා ගැන සිතා "දේවිය, දැන් අපගේ පුත්‍රයාගේ රාජාභිෂේකයට කාලය හරි. මොහු උදෙසා ඉතා ම අලංකාර ප්‍රාසාදයක් කරවන්ට ඕනෑ. ඉන් පස්සේ තමයි අභිෂේකය කරන්ට හොඳ." සුමේධාදේවියත් ඒ අදහසට කැමති වුණා.

රජතුමා වාස්තු ශාස්ත්‍රය පිළිබඳ විශාරදයන් කැඳෙව්වා. "දරුවෙනි, ශිල්පින් කැඳවා අපගේ රාජනිවෙස්නට නුදුරින් මහාපනාද කුමාරයාට ප්‍රාසාදයක් කරවා දෙන්ට ඕනෑ. මං ඔහුව රාජ්‍යයෙන් අභිෂේක කළයුතුයි."

"එසේය දේවයෙනි" යි ඔවුන් ප්‍රාසාදයකට සුදුසු බිම් පෙදෙසක් විමසද්දී එකෙණෙහි ම සක්දෙවිඳුගේ ආසනය උණුසුම් වුණා. එයට කරුණු කිමැයි බලන සක්දෙවිඳු මෙය දැක විස්කම් දෙව්පුතු අමතා "දරුව, යන්න. ගොහින් මහාපනාද කුමාරයාට දිගින් පළලින් අඩයොදුනක් වූ, උසින් විසිපස් යොදුනක් වූ රත්නප්‍රාසාදයක් මවන්ට" කියා පිටත් කළා.

විස්කම් දෙව්පුතු ශිල්පියෙකුගේ වේශයෙන් ඔවුන් අතරට පැමිණියා. "හරි... දැන් ඔහේලා ගොහින් හීලට මුකුත් අනුභව කොට එන්ට." කියා පිටත් කෙරෙව්වා. ඉන් පස්සේ තමා අත තිබූ සැරයටියෙන් පොළොවට පහර

දුන්නා. එකෙණෙහි ම සක්දෙවිඳු කී අයුරින්, සත්මහල් ප්‍රාසාදයක් පොළොවෙන් මතු ව නැඟී සිටියා. මහාපනාද කුමාරයාගේ ප්‍රාසාද ප්‍රවේශ මංගල%යයි, ඔටුණු පැළඳීමේ මංගල%යයි, ආවාහ මංගල%යයි තුන ම එකට ගන්ට පුළුවන් වුණා.

මංගල ස්ථානයේ රැස්වූ විදේහ - බරණැස් දෙරට වැසියෝ සත් අවුරුද්දක් උත්සව පැවැත්තුවා. ඔවුන්ට කෑම් බීම් වස්ත්‍රාභරණ සියල්ල මාලිගාවෙන් ලැබුණා. සත් වසකට පසු මහජනයා රැස් ව සුරුවි මහරජුට මෙය කීවා. "දේවයන් වහන්ස, දැන් සත් වසරක් ගෙවුණා නොවැ. මේ මංගල්ලේ අවසන් වෙන්නේ කවද්ද?"

"දරුවෙනි, මෙතුවක් කල් අපගේ රාජපුත්‍රයා සිනහවක් පහළ කළේ නෑ නොවැ. ඉදින් යම් දවසක ඔහු සිනාසේ ද, එදාට ඔහේලාට ආපසු යන්ට ඇහැකි."

එතකොට මහජනයා අඬබෙර හසුරුවා නැට්ටුවන් රැස් කෙරෙව්වා. දහසක් නැට්ටුවෝ රැස් ව සත් කොටසකට බෙදුණා. ඔවුන් නොයෙක් රඟ දක්වමින් නැටුවා. දෙව්ලොව සිටියදී දිව්‍යනෘත්‍ය දැකපුරුදු මහාපනාද රජුට මේ කිසි නැටුමක් සිත් ගත්තේ නෑ.

ඒ කාලේ බරණැස හණ්ඩුකර්ණ, පණ්ඩුකර්ණ යි ඉතා ප්‍රසිද්ධ මහා නැට්ටුවෝ දෙන්නෙක් හිටියා. "හනේ අපට පුළුවනි රජ්ජුරුවන්ව හිනස්සවන්ට." යි කියා හණ්ඩුකර්ණ මුලින් ම ආවා. ඔහු රජ දොරටුව අබියස අතුල නමැති අඹගසක් මැව්වා. ලොකු නූල් බෝලයක් ගෙන ගහට විසිකොට, ගසේ අතුවල පටලවා නූල දිගේ අඹගසට නැග්ගා. 'අතුල අඹ' කියන්නේ වෙසමුණි මහරජුගේ

අඹගසට යි. එනිසා වෙසමුණි මහරජුගේ දාස යකුන් ඇවිත් හණ්ඩුකර්ණ ගසේ සිටියදී ඒ මැවූ අඹගස කඩ කොට බිමට සමතලා කළා. අනිත් නැට්ටුවෝ යළි බිම පිරිසිදු කොට දිය ඉස්සා. එතකොට හණ්ඩුකර්ණ මලින් කළ වතක් හැද, වතක් පොරවා පොළොවෙන් මතු වී නැගිට නැටුවා. මහපනාද රජු එය දැක සිනාසුණේ නෑ.

ඊළඟට පණ්ඩුකර්ණ ආවා. රජමිදුලේ දරවලින් චිතකයක් කෙරෙව්වා. එයට ගිනි ඇවිලෙව්වා. ගිනි ගන්නා චිතකයට තමාත් නැට්ටුවන් පිරිසත් නට නටා ඇතුල් වුණා. චිතකයත් ඔවුනුත් මුල්මනින් ම දැවී අළු වුණා. අනිත් නැට්ටුවෝ එතනට ඇවිත් බිම පිරිසිදු කොට දිය ඉස්සා. ඔවුනුත් මලින් කළ වත් හැද, තව වත් පොරවා පොළොවෙන් මතු වී නට නටා නැගිට්ටා. මෙතරම් දෙයක් කළත් මහාපනාද රජුව හිනස්සවන්ට ඒ කාටවත් බැරිවුණා. මංගල්ලේ අවසන් කරගත නොහැකි ව, වැඩපළට යාගන්ටත් නැතිව මිනිසුන් මහකරදරේක වැටුණා.

සක්දෙවිදු මෙකරුණ දැක්කා. "යන්න දරුව, ගොහින් මහාපනාදව හිනස්සවා එන්ට." කියා එක් දිව්‍ය නැට්ටුවෙක් පිටත් කෙරෙව්වා. ඔහු අහසින් ඇවිත් රජමිදුලේ අහසේ සිට උපඅර්ධරංගනය නම් අමුතු ම රඟපෑමක් කළා. ඔහුගේ එක් අතක් නටනවා. අනික් අත නිශ්චලයි. එක් පයක් නටනවා. අනික් පය නිශ්චලයි. එක් ඇසක් නටනවා. අනික් ඇස නිශ්චලයි. එක් දළයක් නටනවා. අනික් දළය නිශ්චලයි. මේ රංගනය දුටු ගමන් මහාපනාද රජුට ටිකාක් හිනා ගියා. නමුත් මෙය දුටු මහජනයා පටන් ගත් සිනාව නවතා ගන්ට බැරිව, සිහි

එළවා ගන්තත් බැරිව, අත්පා විසුරුවාගෙන රජමිදුලේ ම ඇදවැටුණා. එතකොටයි මංගල්ලේ අවසන් වුණේ. මහාපනාද රජ බොහෝ දන් පින් කොට මරණින් මතු යළි දෙව්ලොවට ගියා.

මේ ජාතකය වදාළ භාග්‍යවතුන් වහන්සේ "මහණෙනි, විශාබා පෙර ආත්මයේත් මාගෙන් වර ලබාගෙන තියෙනවා" යි වදාළා. "මහණෙනි, ඒ කාලේ මහාපනාද රජ ව සිටියේ අපගේ භද්දජි. සුමේධා දේවිය ව සිටියේ විශාබා. විස්කම් දෙව්පුතු ව සිටියේ අපගේ ආනන්දයෝ. සුමේධා දේවියට පුත්‍ර වරය දුන් සක්දෙව්දු ව සිටියේ මා ය" කියා මේ ජාතකය නිමවා වදාළා.

07. පංචුපෝසථ ජාතකය

උපෝසථ සිල් රකි පස්දෙනාගේ කතාව

පින්වතුනේ, පින්වත් දරුවනේ,

අටසිල් පෙහෙවස් සමාදන් වෙන්ට ලැබීම කෙනෙකුගේ ජීවිතයට ලැබෙන මොනතරම් උතුම් දෙයක් දැයි මේ ජාතක කතාවෙන් මනාව දැනගියා ගන්ට පුළුවනි.

ඒ කාලයේ අප භාග්‍යවතුන් වහන්සේ වැඩවාසය කොට වදාළේ සැවැත් නුවර ජේතවනයේ. එදා පොහෝ දවසක්. පන්සියයක් උපාසකවරු දෙවිරමට පැමිණ අටසිල් පෙහෙවස් සමාදන් ව සිටියා. දම්සභා මණ්ඩපයට වැඩි භාග්‍යවතුන් වහන්සේ එහි සිටි භික්ෂු, භික්ෂුණී, උපාසක, උපාසිකා යන සිව්වණක් පිරිස දෙස මුදු සිතින් බලා 'අද උපාසකවරුන්ට ගැළපෙන ධර්මයක් පවසන්ට ඕනෑ' යි අදහස් කොට උපාසකවරුන් අමතා වදාළා.

"පින්වත් උපාසකවරුනි, අද තොප අටසිල් පෙහෙවස් සමාදන් ව ද සිටින්නේ?" "එහෙමයි භාග්‍යවතුන් වහන්ස."

"හොඳා... ඉතාමත් ම හොඳා... පොහෝදාට අටසිල් පෙහෙවස් සමාදන් වීමෙන් තොප විසින් යහපත සලසාගෙන තියෙන්නේ තමන්ට ම යි. උපෝසථ සිල්

ආරක්ෂා කිරීම පුරාණ කාලයේ සිට එන නුවණැත්තන්ගේ වංශ පරම්පරාවට අයත් දෙයක් නොවැ. ඒ පුරාතන නුවණැත්තෝ තම සිතේ උපන් රාගාදී කෙලෙසුන්ට නිග්‍රහ කරගැනීම පිණිස උපෝසථ සිල් ආරක්ෂා කොට තියෙනවා."

"අනේ ස්වාමීනී භාග්‍යවතුන් වහන්ස, ඒ පැරන්නන් උපෝසථ සිල් රැකගත් අයුරු අපට පහදා දෙන සේක්වා!" ඒ අවස්ථාවේදී භාග්‍යවතුන් වහන්සේ මේ පංචුපෝසථ ජාතකය වදාළා.

ඉතා ඈත අතීතයේ අංග, මගධ, කාසි යන තුන් රට අතරේ මහා වනාන්තරයක් තිබුණා. ඒ කාලයේ මහාබෝධිසත්වයෝ මගධ රටේ ඉතාම උසස් බ්‍රාහ්මණ පවුලක උපන්නා. වයසින් වැඩී ගිය විට කාමයන් කෙරෙහි බලවත් අකැමැත්තක් ඇතිවුණා. එනිසා ඒ මහා වනයට ගොස් තවුස් පැවිද්දෙන් පැවිදි ව වනගත කුටියක වාසය කළා. ඒ කුටිය අසල වනවදුලේ පරෙවි ජෝඩුවක් වාසය කළා. වනයේ ම එක් තුඹසක නාගරාජයෙක් වාසය කළා. ඒ වගේම එක් වනගොමුවක සිවලෙකුත්, තවත් වන ගොමුවක වලසෙකුත් විසුවා. මේ අය කලින් කල බෝසත් තවුසා බැහැදකින්ට ඇවිත් ඕවදන් අසා යනවා.

දවසක් දා පරෙවියා, තම බිරිදත් කැටුව කූඩුවෙන් නික්ම ගොදුරු පිණිස ඉගිල ගියා. පරෙවියා පසුපසින් ඉගිල යන පරෙවි ධේනුව දුටු එක්තරා උකුස්සෙක් වේගයෙන් ඇවිත් ඇය ඩැහැගත්තා. පරෙවි ධේනුවගේ විලාපය ඇසී පරෙවියා හැරී බලද්දී උකුස්සෙකු ඇය ඩැහැගෙන යන අයුරු දැක්කා. උකුස්සා ඇය ගෙන

ගොස් අත්තක වසා ඈ මොරදෙද්දී ම මරා කෑවා. සිය බිරිඳ නැතිවීමෙන් පරෙවියා උසුලාගත නොහැකි තරමේ වියෝග දුකක් වින්දා. ඈ ගැන ඇති වූ රාගයෙන් සිත දැවී ගියා. එතකොට පරෙවියා මෙය සිතුවා. 'අයියෝ... මේ රාගය තමයි මාව විනාශ කරන්නේ. මගේ මුළු ජීවිතය ම පෙළනවා. රාගයට නිග්‍රහ නොකොට මං ආයෙ ගොදුරු නම් සොයන්ට යන්නේ නෑ' යි කෑම සෙවීම නවතා බෝසත් තවුසා වසන කුටිය අසල නැවතී, රාග නිග්‍රහය පිණිස පෙහෙවස් සිල් සමාදන් ව පසෙකින් ලැග්ගා.

නාගයාත් ගොදුරු සොයන්ට ටිකක් ඈතට ගියා. එදා ඔහු ගොදුරු සෙව්වේ ගවයන් තණ කන පෙදෙසක. ගම්පතියාගේ තනි සුදෙන් යුතු, ලොකු සිරුරක් ඇති මංගල වෘෂභයාත් ගොදුරු කන්ට ඇවිත් එහි සිටියා. වෘෂභ රාජයා එතන තිබූ තුඹසක් පාමුල දණින් සිට, අං දෙකින් මැටි කඩමින් සෙල්ලම් කළා. නාගයා ගවයන්ගේ කුර හඬට බියපත් ව ඒ තුඹසට රිංගන්ට යද්දී වෘෂභයාගේ පයට පෑගුනා. නාගයාට බලවත් වේදනාවක් හටගත්තා. සිතේ ක්‍රෝධය ඇවිලගියා. සැණෙකින් වෘෂභයාට දෂ්ට කළා. ඔහු එතැන ම ජීවිතක්ෂයට පත්වුණා. නාගයා වහා සැඟවී බලා සිටියා. ගම්වැසියන් ඇවිත් 'අයියෝ... අපගේ වෘෂභරාජයා මළා' ය කියා එකට එක් ව හඬා දොඩා මලින් පුදා ඒ අසල වළක් කැණ වළ දමා ගියා. ඔවුන් ගිය වේලේ පටන් නාගයා මහත් කම්පාවට පත්වුණා. 'ෂෙ... මගේ සිතේ හටගත් නීච ක්‍රෝධය ම යි මේ විනාශයට මුල. වෘෂභරාජයාට මං දෂ්ට කොට මරා දැමූ නිසා මහජනයාගේ සිතේ මොනතරම් දුකක් උපන්නා ද! දැන් මං සිතේ උපදින ක්‍රෝධයට නිග්‍රහ නොකොට ආයෙ

ගොදුරු සොයන්නේ නෑ' යි සිතා නැවත හැරී තවුසාගේ කුටිය දෙසට ගියා. ක්‍රෝධ නිග්‍රහ පිණිස පෙහෙවස් සමාදන් ව පසෙකට වී දරණ ගසා වැදහොත්තා.

සිවලාත් ගොදුරු සොයන්ට යද්දී මියගිය ඇත්කුණක් දකින්ට ලැබුණා. 'හෝ... මේ තියෙන්නේ මහාසාරභාර කෑමක්!' යි තුටුපහටු ව ඇත්කුසේ සොඩ හැපුවා. වියළී ගිය කණුවක් වගෙයි. ඉන් පස්සේ දළ හැපුවා. ගලක් හැපුවා වගෙයි. බඩ හපද්දී දැනුනේ අටුවක් හපනවා වගෙයි. වලිගය හපද්දී දැනුනේ යකඩ තැටියක් හපනවා වගෙයි. ගුදමාර්ගය හැපුවා. ගිතෙල් කැවුමක් හපනවා වගේ මෙළෙකට අහුවුණා. කුණුමසේ රස දැනුනා. එතකොට සිවලාට කුණුමස් කෑමේ ආසාව ඇතිවුණා. ඒ ආසාව නිසා මස් කමින් ටික ටික ගුදමගින් ම කුස ඇතුලට ගියා.

දැන් ඔහු කුසගිනි වූ විට මස් කනවා. පිපාසයට ලේ බොනවා. නිදිමත ආවිට බඩවැල් අතර නිදියනවා. 'ෂෝක් නොවැ... අතන මෙතන ගොහින් කෑම හොයන්නේ මොකටෙයි? මෙතන කන්ට, බොන්ට, නිදන්ට ඕනෑතරම් තියෙනවා නොවැ' යි සිතා එහි ම ලැග්ගා. හමනා අවිසුළගින් ඇත්කුණ කෙමෙන් වියළී ගොස් ගුදමාර්ගය හැකිලී ගියා. සිවලා ඇතුළේ සිරවුණා. ඇත් මස් ලේ අඩුවීමෙන් ඔහුට කෑමත් නැතිවුණා. යන්ට පාරත් වැසී ගියා. ඔය අතරේ මහා අකල් වැස්සක් වැස්සා. ඒ වැස්සට පෙගී ගිය ඇත්කුණෙහි යළිත් ගුදමාර්ගයෙන් සිදුරක් හැදී පිටත පේන්ට පටන් ගත්තා. 'හප්පේ... යාන්තම් එළියක් පේනවා. එතනින්වත් පැනගන්ට ඕනෑ' සිතා හිසෙන් පහර දෙමින් ගුදමගෙන් දුකසේ නික්ම යද්දී ඔහුගේ

ඇගේ සියලු මවිල් ඒ ගුදමග ඇලී ගියා. ලොම් රහිත කෙටිටු සිරුරක් ඇතිව අසිරුවෙන් පිටතට පැනගත්තා. ටිකක් ඈතට ගොසින් ඒ ඇත්කුණ දෙස බලා 'චික්... මගේ සිතේ උපන් ආහාර ගිජුකම නිසා ම යි මේ විපැත්තිය වුණේ' යි මහා කලකිරීමකට පත්වුණා. 'සිතේ උපදින මේ ගිජුකමට නිග්‍රහ නොකොට මං ආයෙ කෑමක් නම් ගන්නෙ නෑ' යි සිතා කෙලින් ම තවුසාගේ කුටිය අසලට ගොස් උපෝසථ සිල් ගෙන පසෙකින් ලැග්ගා.

වලසාත් වනයෙන් නික්ම කෑම සොයන්ට ඇවිද ඇවිද ගොස් ක්‍රමයෙන් කඳු පළාතක මිනිස් වාසයකට පැමිණියා. මිනිසුන්ට වලසාව දකින්ට ලැබුණා. "අදේ... මේං... ගමට වලසෙක් ඇවිදිල්ලා. ඕකාට යන්ට දෙන්ට එපා!" යි කෑගසමින් දඬුමුගුරු ඊතල ඇතිව වලසා රිංගාගත් වනගොමුව වටකළා. බියට පත් වලසා සැඟවී සැඟවී ඉතා අසිරුවෙන් වනවදුලෙන් පැන පලාගියා. පලායන වලසාට ගම්මු ඊ විද්දා. ගල්මුගුරුවලින් දමා-ගැසුවා. වලසාත් පැළුණු හිසින් යුතුව ලේ ගලමින් 'මට මේ දුක අත්වුණේ අධික ආසාව නිසයි. මං ගැවසිය යුතු සීමාව තුළ ඉන්ට බැරිවුණේ ඒ නිසා. මේ අධික ආසාවට නිග්‍රහ නොකොට ආයෙ කෑමකට නම් යන්නේ නැතැ'යි සිතා තවුසාගේ කුටිය අසලට ගොස් අධික ආසාවට නිග්‍රහ පිණිස උපෝසථ සිල් සමාදන් ව පසෙකින් ඇදිගත්තා.

බෝසත් තවුසාත් සිටියේ තමන් උපන් කුලය ගැන සිතට ගත් මහඋඩඟුකමකින්. අධික මාන්නය නිසා ධ්‍යානයක්වත් උපදවා ගන්ට බැරිවුණා. ඔය අතරේ එක් පසේබුදුන් වහන්සේ නමකට මේ මාන්නක්කාර උඩඟු තවුසාව දකින්ට ලැබුණා. 'හප්පේ... මේ

ලාමක සත්වයෙක් නොවේ නොවැ. බුද්ධාංකුර බෝධිසත්වයෙක්. මේ කල්පයේ ම සම්බුදුබව ලබන කෙනෙක්. මං මොහුගේ මාන්නයට නිග්‍රහ කොට ධ්‍යාන සමවත් උපදවන ආකාරයට මග සකසා දෙන්ට ඕනෑ.' යි සිතා උතුරු හිමාලයේ සිට බෝසත් තවුසාගේ කුටිය ඉදිරියට අහසින් වැඩියා. වැඩමකොට තවුසා වාඩිවෙන ගල්පතුරේ වාඩිවුණා. කුටියෙන් පිටතට ආ තවුසා තමා වාඩිවෙන ගල්තලාව මත හිඳින ආගන්තුක ශ්‍රමණයා දැක, මාන්නයෙන් දැපී, අසතුට පළකොට, අතින් අසුරක් ගසා "ඔහෝ හෝ... එම්බල කාලකණ්ණි වසල මුඩු මහණ... මං වාඩිවෙන ගල්තලාවේ තමුසේ වාඩිවුණේ කාගෙන් අවසර ගෙන ද?"

එතකොට පසේබුදුන් තවුසා ඇමතුවා. "පින්වත් සත්පුරුෂය, ඇයි තොප මේ මාන්නෙකට හසුවී උඩඟු බස් දොඩන්නේ? මං පසේබුදු බව පසක් කළ ශ්‍රමණයෙක්. තොප මා බඳු අයෙක් නොවේ. මේ කල්පයේ ම සර්වඥතාඥානය ලබා සම්බුදුබව ලැබීම උරුම කරගත්, පූරිත පාරමී බල ඇති බුද්ධාංකුරයෙක්. තව සුළු කලකින් තොප සම්බුද්ධත්වයට පත්වෙනවා. එදාට තොපගේ නම සිද්ධාර්ථ. ගෝත්‍ර නාමය ගෞතම..." ආදී වශයෙන් කුලය, අග්‍රශ්‍රාවකයන් ආදී හැම විස්තරයක් ම වදාළා. "ඉතින් එබඳු ඔබ ඇයි මේ කිසි අර්ථයක් නැති කුලමාන්නයකට හසු ව නපුරු ව ඉන්නේ? එය තොපට හරි නෑ නොවැ."

පසේබුදුන් මෙසේ කියද්දීත් බෝසත් තවුසා අඩුගණනේ පසේබුදුන්ට වන්දනා කළේවත් නෑ. මං සම්බුද්ධත්වයට පත්වෙන්නේ කවද්ද කියා ඇසුවේවත් නෑ. එතකොට පසේබුදුන් "හරි එහෙනම් බලමු, තොපගේ

කුලය ද උතුම්, මගේ ගුණය ද කියා... ඉදින් ඇහැක් නම් තොපටත් මේ මං වගේ අහසින් ඇවිද පෙන්නන්ට පුළුවන් ද?" යි කියා අහසට පැන නැගී, තමන්ගේ පාදුහුවිලි බෝසත් තවුසාගේ හිස ජටාමඩුලු මත හෙලා, ඔහු බලා සිටියදී හිමවත බලා වැඩියා.

පසේබුදුන් අහසට වඩිනා අයුරු පුදුමයෙන් බලා සිටි බෝසතුන් තුළ මහා සංවේගයක් හටගත්තා. 'ෂා... හරි අපුරුයි නොවැ මේ ශ්‍රමණ තෙමේ... සුළඟින් උඩට නැගෙන සියුම් පුළුන් රොදක් සේ... මේ බර ශරීරය අහසට නංවා වැඩි අයුරු! ෂිහ්... මගේ මේ නිස්සාර කුලමාන්නය නිසා මෙබඳු වූ පසේබුදුන්ටවත් වන්දනා කරගන්ට බැරිවුණා. අඩුගණනේ මං සම්බුදු බවට පත්වෙන්නේ කවද්ද කියා අසාගන්ටවත් බැරිවුණා. උපන් කුලෙන් කිසිම පලක් නෑ. ලෝකයේ උතුම් වෙන්නේ සිත කය වචනය සංවර කොට, ගුණධර්ම දියුණු කිරීම ම යි. මේ නීච මාන්නය මගේ සිතේ තිබුණොත් මට යන්ට වෙන්නේ නිරයට යි. ඉන් නිසා මාන්නයට නිග්‍රහ නොකොට මං පලවැල සොයා යන්නේ නෑ.' යි දැඩිව අදිටන් කොට කුටියට පිවිසුණා. උපෝසථ සිල් සමාදන් ව, කටු ඇතිරියේ අසුන් ගත්තා. ඒ මහා නුවණැති කුලපුත්‍රයා සැණෙකින් මාන්නය දුරු කරගත්තා. කසිණ භාවනාව වඩා ධ්‍යාන අභිඥා උපදවා ගත්තා. කුටියෙන් පිටතට අවුත් ගල්පුවරුවේ අසුන් ගත්තා.

එතකොට පරෙවියා ඇවිත් තවුසා වැඳ පසෙකින් හිඳගත්තා. "ඕ... කොහොමද පරෙවියෝ... ඔයැයි වෙන දිනවල මේ වෙලාවට එන්නේ නෑ නොවැ. ගොදුරු

සොයා යනවානේ. අද මොකෝ... පෙහෙවස් සමාදන් වුණාවත් ද?" යි අසමින් මේ ගාථාව පැවසුවා.

01. අද මොකෝ මේ පරෙවි කුරුල්ලෝ
    කිසි උනන්දුවක් නැතිව වගේ ඉන්නේ
    සා පිපාසා ඉවසමින් අද
    තොප උපෝසථ සිල් ගත්තාවත් ද?

එතකොට පරෙවියා මේ ගාථා දෙකින් පිළිතුරු දුන්නා.

02. හනේ ඉතින් මයෙ බිරිඳට මං ආසාවෙන් විසුවා
    මේ හරියෙම අපි දෙන්නා එකටම සතුටින් සිටියා
    උකුස්සා ඇවිදින් අහසින් ඇය ඩැහැගෙන ගියා
    අයියෝ ඇය හඬ දෙද්දී ඇයව මරා කෑවා
    හැම දෙයක් ම එපාවෙලා දැන් මා මේ ඉන්නේ

03. මගෙන් ඇය වෙන්වීමෙන්, ඈ නැති ශෝකයෙන්
    සිතෙන් විදවන්නේ සුළු පටු දුකක් නම් නොවේ
    එනිසා මං සිතුවා රකින්ට ඕනෑ කියා පෙහෙවස්
    රාගය මේ සිතේ යළි හටගන්ට නම් එපා!

පරෙවියා තමන්ගේ පෙහෙවස් සමාදන් වීමේ අරමුණ ගැන පවසා පසෙකට වුණා. අනික් සතුනුත් එතනට ආවා. බෝසත් තවුසා ඔවුන්ගෙනුත් විස්තර අහන්ට පටන් ගත්තා. ඒ ඒ අය තම තමන්ගේ තතු මෙසේ කියා පෑවා.

බෝසත් තවුසා :-

04. කෙලින් ගමන් යනු බැරි, දිව දෙක ඇති නාගයෝ,
    විෂ දළ යුතු සෝර විසැති සර්පයෝ,

ඔහේ ඇයි අද සා පිපාසා ඉවසමින්
පෙහෙවස් සමාදන් ව සිටිනා වග පෙනේ

නාගරාජයා :-

05. ගම්පතියාට සිටියා නොවැ මහා වෘෂභරාජයෙක්
උස මහතයි, සවි බලයි, මොල්ලියත් සෙලවෙනවා
ඒකා පයින් මාව පෑගුවා, ඉතින් මං තදට කිපුණා
දණ්ඩ කළා ඒකාට, දුකට පත් උෟ එතැන ම මළා

06. අනේ ඉතින් ගම්මු දුවන් ආවා එතනට
උගේ විපත දැක හඬා වැලපුනි හරියට
හැම විනාශය ම කළේ මගේ ක්‍රෝධ සිත
ඒ ක්‍රෝධය මගේ සිතේ යලි උපදින්නට එපා!
පෙහෙවස් සිල් මං ගත්තා එය මැඩලන්නට සිතා

බෝසත් තවුසා :-

07. අමුසොහොනේ මළකුණුවල බොහෝ මස් තිබේ
තොපගේ කෑමට නම් එය හරි අගේට තියේ
එනමුත් අද ඉවසාගෙන සා පිපාසා
මොකෝ පෙහෙවස් සිල් අරන්වත් ද තොප?

සිවලා :-

08. කුණුමස් කන්ට ඇති නීව ආසාව නිසා
මහ ඇත්කුණක රිංගා ඇතිපදම් ඒවා ම කෑවා
නමුත් ඒ කුස තුළ හරිම රස්නෙයි, මහා සැරයි
ඇත්කුණේ ගුදමග වියළී වැසී මා සිරවුණා නොවැ

09. අනේ හිමියනි මං විඳි දුකක්, හොඳටම කැහැටු වුණා
එළියට පැනගන්ට මගක් සොයාගන්ට බැරිවුණා

අකලට මහා වැස්සක් වැස ගුදමග යලි තෙමුණා
පොඩි සිදුරක් පෙනී යාන්තං පැන ගත්තා

10. අනේ හිමියනි, මං එයට බොහෝ වෙහෙස ගත්තා
රාහුගේ මුඛයෙන් සඳ බේරී ගියා වගේ
එනිසයි මං මේ පෙහෙවස් රකින්නේ
නැවත මෙවැනි ලෝභයක් එපා හටගන්ට මේ සිතේ!

බෝසත් තවුසා :-

11. ගස් බෙනවල තුඹස්වල කුඩා සතුන් කනවානේ
අතින් ගසා දමමින් තොප හැම තැන ඇවිදිනවානේ
අද මොකෝ සා පිපාසා ඉවසා මෙලෙස ඉන්නේ
පෙහෙවස් සමාදන් වෙන්ට සිතුවාවත් ද තොප?

වලසා :-

12. අනේ මං සිටිය යුතු සීමාව අමතක වුණා
ආසාව වැඩිකමට කඳු පළාතට ගියා
මා දුටුව ගම්මු එහි කෑගසා වටකළා
දඬුමුගුරු ඊපහරින් හොඳටම පහර දුන්නා

13. හිස බිඳි ලේ ගලමින් මං යලි දුවං ආවා
තමා සිටිය යුතු තැන මට අමතක කෙරෙව්වේ
මගේ සිතේ හටගත් දැඩි ආසාව ම යි
ඉතිං මං හිතුවා සිල් සමාදන් වෙන්ට ඕනෑ කියා
ආයෙනම් මෙවැනි ආසා සිතේ උපදින්ට නම් එපා!

මේ අයුරින් සතර දෙනා ම තම තමන්ගේ රාගාදි කෙලෙසුන්ට නිග්‍රහ කිරීමේ අදහසින් පෙහෙවස් සමාදන් වූ වග පවසා බෝසතුන් හට වන්දනා කොට මෙය ඇසුවා.

"ස්වාමීනි, අපටත් අසන්ට ප්‍රශ්නයක් තියේ. තමුන්නාන්සේ වෙනත් දිනවල මේ වෙලාවට පලවැල නෙළන්ට පිටත වඩිනවා නොවැ. අද මොකෝ මේ වෙනතක නොයා? උපෝසථ සිල් ගත්තාවත් ද?" යි ඇසුවා. එතකොට බෝධිසත්වයෝ මේ ගාථාවන් පැවසුවා.

14. අනේ බලන්ට දරුවෙනි මට වෙච්චි දේ
    අද මේ කුටිය ඉදිරියේ උතුම් සමණෙක් ආවා
    ඒ නිකෙලෙස් පසේබුදුතුමා මොහොතක් වැඩුන්නා
    ඔහු මාගේ අනාගත පරලොව ගැන
    නම් ගොත් සහිතව හැම දේ ම මට කීවා

15. මා සිතේ පවතින නීච කුලමාන්නයක් නිසා
    මා ළඟට වැඩි එතුමන්ට වැඳගන්ටවත් බැරිවුණා
    ඕනෑ කරන විස්තර අසාගන්ටත් බැරිවුණා
    මේ නීච උඩඟුකම නැවත මා තුළ නුපදීවා යි සිතා
    මං යළි පෙහෙවස් සමාදන් වුණා

මෙසේ බෝසත් තවුසා තමා ගැනත් පැවසුවා. සතුන් හතර දෙනා ඔවුනොවුන්ගේ තැන්වල හොඳින් වාසය කළා. බෝසත් තවුසා නොපිරිහුණු ධ්‍යානයෙන් යුතුව මරණයට පත්ව බඹලොව උපන්නා. සතුන් සිව්දෙනාත් බෝසතුන්ගේ ඔවදන් අනුව කටයුතු කොට මරණින් මතු දෙවියන් අතර උපන්නා.

මෙය වදාළ භාග්‍යවතුන් වහන්සේ "උපාසකවරුනි, මෙසේ පෙහෙවස් සමාදන් වීම යනු පුරාතන යුගයේ සිටි නුවණැත්තන් විසින් පවත්වාගෙන ආ දෙයක්. එනිසා අංග අටකින් යුතු උපෝසථ සිල් රකින්ට ම ඕනෑ. එදා පරෙවියා ව සිටියේ අපගේ අනුරුද්ධයෝ.

වලසා ව සිටියේ අපගේ මහාකස්සප. සිවලා ව සිටියේ අපගේ මහාමොග්ගල්ලානයෝ. නාගරාජයා ව සිටියේ අප සාරිපුත්තයෝ. තාපසයා ව සිටියේ මා ය" කියා මේ පංචූපෝසථ ජාතකය නිමවා වදාළා.

08. මහා මෝර ජාතකය
බෝසත් රන් මොනරාගේ කතාව

පින්වතුනේ, පින්වත් දරුවනේ,

කවුරුන් හෝ කිසියම් යහපත් ප්‍රතිපත්තියක් රකිනවා නම්, තමන්ට රැකවරණ ලැබෙන්නේ ඒ ප්‍රතිපත්තිය තුළින් ම යි. යමෙක් ධර්මය පුරුදු කරනවා නම්, ඔහු රැකෙන්නේ ඒ පුරුදු කරන ධර්මයෙන් ම යි. ඒ යහපත් ප්‍රතිපත්තියට බාධා පමුණුවන ක්ලේශ වසඟයට පත්වුණොත්, එයින් හානිය වන්නේත් ඔහුට ම යි. මෙය ඒ ගැන කියවෙන කතාවක්.

ඒ දිනවල අපගේ භාග්‍යවතුන් වහන්සේ වැඩවාසය කොට වදාළේ සැවැත්නුවර ජේතවනයේ. එහි වාසය කළ එක්තරා හික්ෂුවක් ඉන්ද්‍රිය අසංවර ව විසීම නිසා සිතේ පවත්නා රාගය ඇවිස්සී ගියා. සිවුරු හැර යෑමේ අදහස ම බලවත් වුණා. එය දැනගත් භාග්‍යවතුන් වහන්සේ ඒ හික්ෂුව කැඳවා සිවුරු හැරයන්ට අදහස් කරගෙන සිටින බව සැබෑවක් දැයි ඇසුවා. එය ඇත්තක් ය කියා ඒ හික්ෂුව පිළිතුරු දුන්නා. එවිට භාග්‍යවතුන් වහන්සේ මෙය වදාළා.

"හික්ෂුව, රාගය විසින් නොකළඹවා දමන්ට බැරි කාගෙ සිත ද? රාගය කියන්නේ සිනේරු පර්වතය

වුණත් පෙරළන්ට පුළුවන් මහසුළඟක් වගේ එකක්. ඉතින් එවැනි සුළඟකට දිරාගිය කොළ බිම හෙළන්ට ලැජ්ජාවක් නෑ නොවැ. ඉස්සර කාලේ එක්තරා පිරිසිදු සත්වයෙක් තමන්ගේ සිතේ රාගය ඇවිස්සෙන්ට නොදී වග බලාගෙන හත්සිය අවුරුද්දක් පරෙස්සමෙන් සිටියා. ඒත් සුළු ප්‍රමාද දෝෂයකින් රාගය විසින් ඔහුව කළඹවා දැම්මා නොවැ.

ගොඩාක් ඉස්සර කාලෙක බරණැස් පුර බ්‍රහ්මදත්ත නමින් රජෙක් රාජ්‍ය විචාරමින් සිටියා. ඒ කාලේ හිමාල වනයේ විසූ සෙබඩකගේ කුසෙහි මහාබෝධිසත්වයෝ පිළිසිඳ ගත්තා. ගැබ මෝරා ගියවිට මව් මොනරී ලොකු බිත්තරයක් හෙළා නික්ම ගියා. බිත්තරයත්, මව්කිරිල්ලිත් නීරෝග ව සිටි නිසාත්, වෙනත් සර්පාදී සතෙකුගෙන් ඒ බිත්තරයට කරදරයක් නොවූ නිසාත්, එය කිණිහිරි කැකුළක් වගේ රන්වන් පාටින් තිබුණා. බිත්තරේ නිසි කල මෝරා ගොස් සුදුසු අවස්ථාවේ බිත්තර කටුව පලාගෙන රන් පැහැගත් මොනර පැටියෙක් පිටතට නික්මුණා. ඔහුගේ නෙත් දෙක දිලිසුණේ ඕළිඳ ඇට වගේ. තුඩ පබළ පැහැයෙන් යුක්තයි. රතු රේඛාවන්ගෙන් ගෙල වෙලී කෙමෙන් පිට මැද තෙක් ඇවිත් තිබුණා. මුළු ඇඟ ම රන් පාටයි. වයසින් ඔහු මෝරා යද්දී සුවිසල් පිල්කළඹක් සහිතව, කරත්තයක ප්‍රමාණයට විශාල ව අලංකාර ව පෙනුණා. සියලු නිල් මොනරු ඇවිදින් රන් මොනරාට රජකම දී පිරිවරා ගත්තා.

දවසක් දා රන් මොනරා දියකෙමියකින් දිය බොද්දී තමන්ගේ රූප සම්පත්තිය තමාට ම පෙනුණා. එතකොට ඔහුට මෙය සිතුණා. 'මං මේ සියලු මොනරුන්ට වඩා

අමුතු ම ශෝභාවකින් යුක්තයි නොවැ. ඉදින් මං මේ මොනරුන් එක්ක මිනිස් පියසක විසුවොත් මට විපතක් වෙන්ට ඉඩ තියෙනවා. ඉන් නිසා හිමවතට ගොහින් පහසු තැනක හුදකලාවේ තනියම ඉන්නා එකයි හොඳ' යි සිතා මොනරු තැන් තැන්වල ලැගගත් විට රෑ ජාමේ කාටවත් ම නොදන්වා හිමවත බලා පිටත් වුණා. පර්වත වළලු තුනක් ඉක්ම ගොස් සිව්වැනි පර්වත වළල්ලට පැමිණියා. එහි එක් වනයක පියුමින් ගැවසීගත් ස්වාභාවික විලක් අසබඩ එක් පර්වතයක් ඇසුරු කොට තිබූ මහා නුගරැක් අත්තක සැඟවුණා.

ඒ පර්වතය මැද සිත්කලු ගුහාවක් තියෙනවා. ඊළඟට ඔහු එහි වසන්ට කැමති ව ඒ පර්වත මුදුනේ සැඟවුණා. එතැනට පැමිණීම ලේසි නෑ. පහළ සිට උඩට නගින්නත් අමාරුයි. උඩට ආ අයෙකුට පහළට යන්ටත් අමාරුයි. එතැන උකුස්සන්, කොටියන්, සර්පයන්, මිනිසුන් ආදීන්ගෙන් ඇතිවන භයෙන් තොර යි. 'මෙතන තමා ඉන්ට හොඳ' යි සිතා එදා සිට එහි ම විසුවා. පසුවදා පාන්දර පර්වත ගුහාවෙන් නැගිට පර්වත මුදුනට ගොස් පෙරදිග බලා හුන් විට, හිරුමඬල හරි අගේට උදාවෙන හැටි බලා දිවා කාලයට තමාට රැකවල් ගනු පිණිස, 'උදේතයං චක්ඛුමා ඒකරාජා...' යන පිරිත කියා ගොදුරු සොයා පිටත් වුණා.

නැවත සවස පර්වත මුදුනට ඇවිත් බටහිර දෙස බලා සිටිද්දී හිරු මඬල බැසයන අයුරු අපුරුවට පේනවා. එතකොට 'අපේතයං චක්ඛුමා ඒකරාජා...' යන පිරිත කියා රැයට රැකවල් සලසා ගන්නවා. මේ ක්‍රමයෙන් තමයි රන් මොනරා පර්වතයේ වාසය කළේ.

දවසක් එක්තරා වැදි පුත්‍රයෙක් වනාන්තරේ ඇවිද යද්දී පර්වත මුදුනෙහි වාඩිවී සිටින රන් මොනරාව දකින්ට ලැබුණා. මොනරා දිහා බොහෝ වෙලා සැඟවී බලා සිටියා. නිහඬව ගෙදර ගියා. ඔහු මරණාසන්න මොහොතේ සිය පුත්‍රයා කැඳවා මෙය කීවා. "පුතේ, මං මෙය කාටවත් ම කීවේ නෑ. හිමාලයේ සිව්වැනි පර්වත වළල්ලේ වනාන්තරේ ගිරිමුදුනක තනි රන්වන් පාට මහා මොනර රාජයෙක් ඉන්නවා. බලන්ට බෑ ලස්සන. ඉදින් රජ්ජුරුවෝ එවැනි අද්භූත සත්වයෙක් ගැන ඇසුවොත් අසවල් තැන ඉන්නවා ය කියා කියාපං හොඳේ." යි පවසා මිය ගියා.

දවසක් දා බරණැස් රජුගේ බෙමා නම් අගබිසව හිමිදිරියේ සිහිනයක් දුටුවා. තනි රන් පාට මොනර රාජයෙක් ඇයට බණ කියනවා. ඇය සාදු නාද දෙමින් බණ අසනවා. බණ කියා අවසන් වූ මොනරා රන් තටු විහිදා ඉගිල යන්ට ගියා. "අනේ... අර මොනරා යනවා. අනේ අල්ලගන්ට" කියා කෑගසමින් ඇ නින්දෙන් නැඟිට්ටා. එවිටයි ඇයට තේරුණේ එය සිහිනයක් වග. 'මෙවැනි සිහිනයක් මා දැක්කා කීවොත් රජතුමා එය ගණනකට ගන්න එකක් නෑ. දොළදුකක් ය කීවොත් කොහොමහරි ඉටුකර දේවි. මට රන් මොනරාගෙන් බණ නොඅසා ජීවත් වී පලක් නෑ' යි සිතා දොළදුකක් ඇති බව පවසා සයනයේ වැතිර ගත්තා.

මෙය දැනගත් රජ ඇවිත් "සොඳුර, ඔයාට ඇති වූ අසනීපය කුමක්ද?" "දේවයෙනි, මට දොළදුකක් උපන්නා." "හරි... ඉතින් කියන්ටකෝ. මොකක්ද ඒ ඇති වූ ආශාව?" "අනේ... මට කොහොමහරි රන්වන් මොනරෙකුගෙන්

බණක් අහන්ට ආසයි.” “අනේ සොදුර, අපි රන්වන් මොනරු සොයන්නේ කොහෙන්ද?” “අයියෝ... එහෙනම් මොනා කරන්ට ද? මට මේ ආශාව ඉෂ්ට නොවුණොත් මැරෙන්ටයි වෙන්නේ.” “හරි හරි... දේවී... ඔයා ඒ ගැන එතරම් බරපතළෙට සිතන්ට ඕනෑන්නේ නෑ. ඔයා සිතූ දේ ලැබේවි.” යි අස්වසා රජතුමා ගොහින් රාජාසනයේ අසුන් ගෙන ඇමතිවරු කැඳෙව්වා.

“එම්බා ඇමතිවරුනි, අපගේ බෙමා දේවියට දොළදුකක් ඉපදිලා. ඈට රන්වන් මොනරෙකුගෙන් බණ අහන්ට ඕනෑ මලු. රන්වන් මොනරු ඉන්නවැයි?”

“දේවයෙනි, බ්‍රාහ්මණයෝ නම් ඔය කාරණය දන්නවා.” එතකොට රජු බමුණන් කැඳවා විචාළා. “මහරජ, ජලයේ රන් මාළු, රන් කැසුබුවෝ, රන් කකුළුවෝ ඉන්නවා. ඒ වගේ ම ගොඩබිම වනයේ රන් මුවෝ, රන් හංසයෝ, රන් මොනරු, රන් තිත්වටුවෝ ඉන්නවා. අපි අසා තියෙනවා මිනිසුන් අතරත් රන්වන් මිනිසුන් ඉන්ට ඇහැක කියා. අපගේ මේ ශාස්තරේට පෙන්නුම් කරන්නේ එය යි.” යි ඔවුන් පිළිතුරු දුන්නා.

රජතුමා සිය විජිතයෙහි සියලු වැද්දන් කැඳවා රන් මොනරුන් ගැන හෝඳුවාවක් ඇත්දැයි විමසුවා. එවිට එක් අයෙක් හැර අන් සියල්ලෝ ම කීවේ තමන් කිසිදා එවන් මොනරෙකු දැක නැත කියා ය. එක් වැද්දෙක් අත ඔසොවා මෙය කීවා. “දේවයන් වහන්ස, හතෙන් මං දැකලත් නෑ. ඒත් අපේ අපුව්වා මියැදෙන්ට කලින් මට කීවා හිමාලයේ සිව්වෙනි කඳුවළල්ලේ හක්කොළං කොරද්දී එක් කඳුමුදුනක රත්තරන් පාටට බැබළී බැබළී

මොනරෙක් වාඩිවෙලා උන් බව උන්දැගෙ දෑහින් ම දැක්කා කියා."

"හරි හරි... අනේ මිත්‍රය, එහෙනම් නුඹ මටත්, මගේ දේවියටත් ජීවිතය දුන්නා හා සමානයි. අද ම ගොහින් අනේ ඒ මොනරා අල්ලාගෙන වරෙං." යි බොහෝ ධනය දී පිටත් කෙරෙව්වා. වැදි පුත්‍රයා ධනය අණුදුරුවන්ට දී සිව්වෙනි පර්වත වලල්ල සොයාගොස්, බෝසත් මොනරා ගොදුරු සොයා බසින තැන හදනාගෙන උගුලක් අටවා, අද හසුවේවි, හෙට හසුවේවි යි බලා සිටියා. මොනරාව උගුලට අල්ලා නොගෙන ම ඔහු වයසට ගොස් වනයේ ම මිය ගියා. දේවියත් අදහස ඉටු කරගන්ට බැරිව සාංකාවෙන් මිය ගියා. රජතුමා රන් මොනරා කෙරෙහි වෙර බැදගත්තා. 'මේ රන් මොනරා තමයි මට මගේ බිරිඳ අහිමි කළේ' යි සිතා 'හිමාලයේ සිව්වෙනි පර්වත වලල්ලේ රන් මොණරෙක් වාසය කරනවා. යමෙක් ඔහු මරා මස් කෑ විට නොමැරෙන කෙනෙක් වේ.' යි රන්පතක ලියා මැණ්ජුසාවක බහා තබා වයසට ගොස් කලුරිය කළා.

ඊට පසු පත්වූ රජාට මේ පත්ඉරුව කියවන්ට ලැබුණා. රන් මොනර මස් කා අජරාමර වීමේ ආශාවක් ඔහුට උපන්නා. මොනරාව අල්ලාගන්ට ඉතා ම දක්ෂ වැද්දාව පිටත් කෙරෙව්වා. වැද්දා මොනරා අල්ලා නොගෙන ම වනයේ මළා. මෙසේ රජ පරම්පරා සයක් ම ගෙවී ගියා. වැදි පරම්පරා සයකුත් ගෙවී ගියා. කාටවත් ම රන් මොනරා අල්ලාගන්ට බැරිවුණා.

සත්වෙනි පරපුරේ වැද්දා රන් මොනරා අල්ලන්ට ගොහින් කල්පනා කළා. 'මේ මොනරා නම් මහා අද්භූත

සතෙක්. අද හසුවේය, හෙට හසුවේය කියා බලමින් දැන් සත් අවුරුද්දක් ගත වුණා. මේකාගේ පාදයන් උගුලට කොටු නොවෙන්නේ ඇයි?'

වැද්දා නැවත නැවතත් මොනරාගේ හැසිරීම් පරීක්ෂා කළා. 'හරි... මේකා උදේටත් හවසටත් පිරිතක් කියනවා නොවැ. වෙන මොනරු ඇත්තෙත් නෑ. ආයෙ අහන්ට දෙයක් නෑ. මේකා බඹසර හැසිරෙන මොනරෙක් ම යි. බඹසර බලෙනුයි, පිරිත් බලෙනුයි තමයි උගුලට හසුනොවන්නේ. හරි... මං දන්නවා දැන් කරන්ට ඕනෑ දේ.' යි සිතා ආපහු හැරී පිටිසර ගමකට ගියා. ගොහින් එක් මොනරියක් අල්ලාගෙන හොඳට පුරුදු පුහුණු කෙරෙව්වා. ඇ හරි දක්ෂයි. අසුරු ගැසුවිට මිහිරට නාද කරනවා. අත්පොඩි ගැසු විට හැඩට නටනවා. ඉතින් වැද්දා මොනරිව අරගෙන රන් මොනරා කෑමට බසින තැන බලා, පාන්දරින් ම උගුල ඇටෙව්වා. මොනරා පිරිත කියන්ට කලින් මොනරි ලවා දිගටම කෑගැස්සෙව්වා.

රන් මොනරාට මොනරියකගේ නාද කිරීම ඇසුණා. සත්සිය වසරක් පුරා ඇතුළත සැඟවී තිබූ රාගය, පෙණය පුප්පා දෂ්ඨ කරන නාගයෙකු සේ සිත පීඩාවට පත්කරමින් ඇවිස්සුණා. එයින් සිත කැළඹී ගියා. පිරිත කියන්ට අමතක වුණා. උඩ සිට වේගයෙන් පහළට පියාඹා ඇවිත් බිමට පා තැබුවේ උගුලට හසුවෙන විදිහට ම යි. සත්සිය වසරක් වැඩ නොකළ උගුල එසැණින් ම ඔහුගේ පාදයේ ගැටගැසී ගියා.

වැදිපුත්‍රයා, රිට අග ගැටයේ පය ගැටගැසී එල්ලෙමින් සිටින මොනරා දැක මෙය සිතුවා. 'පරම්පරා සයකට අපේ

වැද්දන්ට මේ මොනර රාජ්‍යා අල්ලාගන්ට බැරිවුණා. මටත් සත්වසරක් ම මේකාව අල්ලාගන්ට බැරිවුණා. ඒත් එක ම මොනරියක් නිසා මොහුගේ සිත රාගයෙන් මුසපත් ව, පිරිත කියාගන්ටත් බැරිව ඇවිත් උගුලට හසුවුණා. දැන් හිස යටට කොට එල්ලී ඉන්නවා. එහෙත්... ඉතින්... මෙබඳු සිල්වතෙකුව පෙළා තවකෙකුගෙන් තෑගිභෝග ගැනීම මට හරියන්නෙ නෑ. රජු විසින් කරන සත්කාරවලින් පසු ඔනෑ නම් මට මෙයෑයි නිදහස් කරන්ට ඇහැකි. එහෙත් ඇතෙකුගේ බලය ඇති මොනරා ළඟට මං යන්ට ගියොත්, එයාව මරන්ට එනවා යි සිතා මරණ හයෙන් කැළඹී දඟලන්ට ගොහින් පාදයක් හෝ තටු හෝ කැඩෙන්ට ඉඩ තියෙනවා. මං නොගිහින් ඊයකින් විද ඔහුගේ උගුල කපා දමනවා. එතකොට කැමති විදිහට යන්නේ නැතෑ' යි සිතා සැඟවී සිටියදී ම දුන්න නගා ඊයකින් උගුලට විද බුරුල් කළා.

'එහෙනම් වැද්දෙක් තමයි මාව ක්ලේශ වසඟ කොට උගුලට හසුකොට තියෙන්නේ. ආයෙමත් එපා වෙලාවත් ද උගුල බුරුල් කළේ. කොයිබඳ ඔහු ඉන්නේ?' යි සිතා වටපිට බැලුවා. එතකොට ඊතලය දමා දුන්න අමෝරාගෙන සැඟවී ඉන්න වැද්දා දැක, මරණහයෙන් තැතිගෙන ජීවිතය ඉල්ලමින් මේ පළමු ගාථාව කීවා.

01. අනේ මිතුර, ඇයි ඔබ මා උගුලට හසුකර ගත්තේ
    තෑගි ලබාගන්නට නම් පණපිටින් ම අල්ලගන්ට
    අනේ මාව මරන්ට නම් එපා!
    රජු ළඟටම මාව රැගෙන යන්ට
    එතකොට බොහෝ ධනය ඔබට ලැබේවි

වැද්දාට මෙහෙම සිතුණා. 'මං රිය මානාගෙන ඉන්න නිසා මොනරා සිතාන ඉන්නේ මරන්ට හදනවා කියලා. මං මෙයාව අස්වසන්ට ඕනෑ' යි සිතා මේ ගාථාව කීවා.

02. රුවැති මොනර රාජයෝ මගේ
මං දුනු රි මානාගත්තේ ඔයා මරන්ට නම් නොවේ
ඒ ගැන හය වෙන්ට එපා මගේ මොනර රජෝ
ඔයාගෙ පා සිර වී ඇති උගුල කඩා දැම්මා
දැන් ඔයාට කැමති තැනක ඉගිල යන්ට පුළුවන්

රන් මොනරා :-

03. සත් වසරක් පුරා මා පසුපසින් ඇවිත් ඔයා
දිවය නොබලා සා පවස් ඉවස ඉවසා
බොහෝ සැලසුම් කොට මා උගුලට හසුකළා
ඒත් දැන් නිදහස් කරන්ට කැමති වුණේ
ඇයි ද කියා කියන්ට

04. ඔයා සතුන් මැරීමෙන් වැළකී ඉන්න කෙනෙක් දෝ
මේ වනයේ හැම සතුන්ට අභය දානෙ දුන්නා දෝ
උගුලට මා හසුකරගෙන සිට දැන් ඒ උගුලෙන්
නිදහස් කරන්ට කැමති වුණේ ඇයි ද කියන්ට

වැද්දා :-

05. මොනර රජෝ, මෙකරුණ මට පහදා දෙන්ට
යමෙක් සතුන් මරණ එකෙන් වැළකී සිටියොත්
හැම සතුන්ට අභයදානෙ සලසා සිටියොත්
මෙයින් මැරුණවිට ඔහු කිසියම් සැපයක් ලබයි දෝ

රන් මොනරා :-

06. යමෙක් සතුන් මරණ එකෙන් වැළකී සිටියොත්
හැම සතුනට අභයදානෙ සලසා සිටියොත්
මොලොවදී ම ඔහු හැමගෙන් පැසසුම් ලබනවා
මරණින් මතු දෙව්ලොව උපතට ඔහු යනවා

වැද්දා :-

07. අනේ මොනර රජෝ, මෙයට පිළිතුරු දෙන්න
ඇතැම් මහණ බමුණෝ දෙවියන් නැතැයි කියනවා
මරණින් මතු යළි උපතක් නැතැයි කියනවා
පින් පව්වල විපාකයක් නැතැයි කියනවා
දන් දීම මෝඩයින්නෙ වැඩක් කියනවා
ඔවුන්ගෙ බණ සැබෑ කියා මං අදහාගත්තා
එනිසා කුරුළු දඩයම් දිගටම කරං ගියා

රන් මොනරා :-

08. මනරම් හැඩරුවට දිලෙන හිරු සඳු දෙදෙනා
ආලෝකය පතුරාගෙන ආකාසේ යනවා
ඒවා තියෙන්නේ තොපගේ මිනිස් ලොවේ ද
නැතිනම් මේ ලොවෙන් ඈත තවත් ලොවක ද?

වැද්දා :-

09. මනරම් හැඩරුවට දිලෙන හිරු සඳු දෙදෙනා
ආලෝකය පතුරාගෙන ආකාසේ යනවා
ඒවා තියෙන්නේ අපගේ මිනිස් ලොව නොවේ
වෙනත් ලොවක ඇති ඒවට
මිනිසුන් දෙවියෝ කියනවා

රන් මොනරා :-

10. මහණ බමුණු උදවිය පරලොව පිළිගෙන නැතිනම්
පින්පවිවල විපාක පිළිගන්නෙත් නැතිනම්
දන් දීමත් මෝඩ වැඩක් කියා කියත් නම්
ඔවුන්ගෙ බණ ඉතා පහත් දෙයක් ම යි ලොවේ
ඔවුන් මෙතනදී නැත්තට නැති වෙනවා ම යි

බෝසත් මොනරා මෙසේ කරුණු පහදා දෙන විට
වැද්දාත් ටිකෙන් ටික ඒවා තේරුම් ගන්ට මහන්සි ගත්තා.
ඔහු මේ ගාථා පැවසුවා.

11. ඔයා කියන දේ නම් සහතික ඇත්තක් ම යි
දන්දීමෙන් වැඩක් නැතැයි කෙසේද කියන්නේ
පින්පවිවල විපාක නැතැයි කෙසේද කියන්නේ
දානය මෝඩ වැඩක් කියා කෙසේද කියන්නේ

12. මොනර රජෝ, මෙකරුණ මට පහදා දෙන්න
කුමක් කළෝතින්දෝ, කෙසේ කළෝතින්දෝ
කුමක් පුරුදු කළවිට දෝ කුමක් ඇසුරු කළවිට දෝ
මරණින් මතු මං නිරයේ නොවැටී
ගැලවීම සදා ගන්නේ?

රන් මොනරා :-

13. මිතුර, මෙලොව ශ්‍රමණ නමින් පැවිදි උතුමන් ඉන්නවා
ගිහිගෙය අත්හළ ඔවුන් කහවත් දරා ඉන්නවා
උදෑසන නිවෙස් කරා ඔවුන් පිඬු සිඟා වඩිනවා
විකාලයේ පිඬු සිඟීම ඔවුන් කිසිදා නොකරනවා

14. කැප වෙලාවෙ ඔබ ඒ ශ්‍රමණයන් වෙත එළඹ
දැනගන්ට යමක් ඇත්නම් ඔවුන්ගෙන් අසනු මැන

මෙලොව හා පරලොව ගැන ඔවුන් දන්නා දෙය
ඉතා පැහැදිලි ලෙස ඔබට පහදා දෙනු ඇත

මෙතෙක් වේලා මොනරාගෙන් ප්‍රශ්න ඇසූ වැද්දා
ද සාමාන්‍ය පුද්ගලයෙක් නොවේ. ඔහු පසේබුදුබව
පිණිස පෙරුම්දම් පිරූ අයෙකි. මෝරාගිය නෙළුම, හිරු
රැස් වැටෙනවිට පෙති විහිදා පිපී යන සෙයින් බෝසත්
මොනරාගේ දහම් කතාව අසා තමන්ගේ මේරූ නුවණ
විකසිත වුණා. රන් මොනරාගේ බණට සවන් දී සිටියදී
ම සංස්කාරයන්ගේ ඇතිව නැතිව යන අනිත්‍ය ලක්ෂණය
ප්‍රකට වුණා. ඒ පිළිබඳ නුවණින් මෙනෙහි කරමින් සිටියදී
ඔහු පසේබුදු නුවණ අවබෝධ කළා. ඔහු පසේබුදුබවට
පත්වීමත් රන් මොනරාගේ පය බැඳි ගැටය මුල්මනින්
නිදහස් වීමත් එක්වර ම සිදුවුණා. හැම කෙලෙසුන්ගෙන්
නිදහස් වූ, හවයේ නිමාව දුටු ඒ පසේබුදුන් සිටගෙන ම
මේ උදානය පහළ කළා.

15. දිරාගිය පැරණි හැව ගලවා දැමූ උරගයා සේ
ඉඳිගිය සියලු කොළ සොලවා බිම දැමූ රුක සේ
මා තුළ සියලු රුදුරු ගති සඳහටම දුරු වුණා
අද මං ඒ සියලු රුදුරු ගති සඳහටම අත්හැරියා

'මං අද සියලු කෙලෙස් බන්ධනයන්ගෙන් නිදහස්
වුණා. එහෙත් මයෙ නිවසේ සිරකරන ලද තව බොහෝ
පක්ෂීන් ඉන්නවා. මං ඒ සතුන් නිදහස් කරන්නේ
කෙසේද?' යි සිතා මොණර රාජයාගෙන් මෙය ඇසුවා.

"පින්වත් මොනර රජුනේ, මගේ නිවසේ සිරකොට
තැබූ තව බොහෝ කුරුල්ලන් ඉන්නවා. ඔවුන්ව නිදහස්
කරන්නේ කෙසේද?" "පින්වත, ඔබ එය මෙසේ කරන්ට.

දැන් නුඹවහන්සේ යම් මාර්ගයක් වඩා කෙලෙස් සිඳ බිඳ දමමින් උතුම් පසේබුදු නුවණ අවබෝධ කළා ද, එය ම අරහයා සත්‍යක්‍රියා කරන්ට. නුඹවහන්සේගේ සත්‍යක්‍රියාව ඉදිරියේ මුළු දඹදිව ම උගුලකට සිර වූ එක් සත්වයෙක්වත් සිටින්ට විදිහක් නෑ.''

එතකොට පසේබුදුන් බෝසත් මොනරා දුන් ධර්මන්‍යායෙහි සිට සත්‍යක්‍රියා කරමින් මේ ගාථාව වදාළා.

16. පෙර මං සිරගත කළ සිය ගණන් කුරුල්ලෝ
      මා සිටින නිවසේ ඔවුන් දුකසේ වසන්නේ
      මං ඒ සියලු සතුනට දැන් අභයදානය දෙමි
      මේ සත්‍යානුභාවයෙන් ඒ සියලු සත්වයෝ
      තමා කලින් සිටි තැන්වලට සුවසේම පැමිණෙන්වා!

සත්‍යක්‍රියාව කරන කාලයේදී ම සියලු සත්වයෝ සියලු සිරගතවීම්වලින් මිදී, සතුටින් ප්‍රීති හඬ නංවමින් තම තමන් සිටි තැන්වලට සුවසේ ගියා. එකෙණෙහි ම ඒ ඒ ගෙවල්වල සිරගත කොට සිටි බළලුන්ගේ පටන් මුළු දඹදිව නිදහස් නොවූ කිසි සතෙක් නැතිව ගියා.

ඉක්බිති පසේබුදුන් අත ඔසොවා හිස පිරිමැද්දා. ඒ මොහොතේ ම තමන්ගේ ගිහි පෙනුම නොපෙනී ගියා. ශාන්ත පැවිදි අයෙකුගේ පෙනුම දිස්වුණා. පොරවාගත් සිවුරු ඇතිව සැටවයස් පිරුණු තෙරනමකගේ සිරි ගත්තා. ඒ පසේබුදුන් මොනර රජු දෙස බලා ''පින්වත් මොනර රජ, තොප මට බොහෝ උපකාර කළා'' යි මොනර රජු පැදකුණු කොට අහසට පැන නැඟී නන්දමූලක පර්වත බෑවුමට ගියා. මොනර රජා රිටි අගින් ඉහළ ගොස් ගොදුරු සොයාගෙන තමා වසන තැනට ම ගියා.

මෙසේ වැද්දා සත් වසරක් පුරා මොනරා අල්ලන්ට උගුල් අටවා සිටත්, ඔහු ම මොනර රජුගේ උපකාරයෙන් ලද දහම් කතාව මුල්කොට හව දුකින් නිදහස් වූ බව පවසමින් භාග්‍යවතුන් වහන්සේ මේ ගාථාව වදාළා.

17. පැතිරගිය කිතුගොස ඇති මොනර රජු බැඳගන්ට
අතට ගත් උගුල ඇති වැද්දෝ වනයේ හැසිරුණා
යසස් ඇති මොනර රජ හසුවුණා නොවැ උගුලට
ඒ මොනරාගෙන් ම බණ අසා ඔහු දුකින් මිදුණා
එසැණින් මාත් ඒ උගුලෙන් ද මිදුණා

මෙසේ වදාළ භාග්‍යවතුන් වහන්සේ චතුරාර්ය සත්‍ය ධර්මය වදාළා. ධර්ම දේශනාව අවසානයේ රාගයෙන් පීඩිත ව සිවුරු හැර යන්ට සිතා සිටි හික්ෂුව රහත් එලයට පත්වුණා. "මහණෙනි, එදා රන් මොනරා ව සිටියේ මා ය" කියා භාග්‍යවතුන් වහන්සේ මේ මහාමෝර ජාතකය නිමවා වදාළා.

09. තච්ඡසූකර ජාතකය
තච්ඡසූකරගේ කතාව

පින්වතුනේ, පින්වත් දරුවනේ,

සමගි සම්පන්න ව වාසය කොට සතුරු බල වැනසූ උ>රෙකු පිළිබඳව යි මේ කතාවෙන් කියවෙන්නේ.

ඒ දිනවල අපගේ භාග්‍යවතුන් වහන්සේ වැඩවාසය කොට වදාළේ සැවැත් නුවර ජේතවනයේ. ඒ කාලයේ කොසොල් රජුගේ පියරජු වූ මහාකෝසල නිරිඳා මගධ රටේ බිම්බිසාර රජුට සිය දියණිය සරණ පාවා දෙන විට ඇයට ස්නාන වියදම් වශයෙන් කාසි ජනපදය තෑගි කොට තිබුණා. අජාසත් රජු විසින් බිම්සර නිරිඳුන් සාතනය කළ හේතුවෙන් කොසොල් රජ ඒ ගම සිය යටතට ගත්තා. එනිසා වරින් වර කොසොල් රජුත් අජාසත් රජුත් අතර කාසි ජනපදය අරභයා යුද්ධ හටගත්තා.

මුලින් ම ජය ලැබුණේ අජාසත්ට. පරාජිත කොසොල් රජ අමාත්‍යයන් කැඳෙව්වා. "ඇමතිවරුනි, අපි අජාසත්ව ජීවග්‍රහයෙන් අල්ලාගන්නේ කෙසේද?" "මහරජ, ඇතැම් මහණුන්නාන්සේලා ඉන්නවා ඔවුන් කරුණු කාරණා කතාවෙහි හරි දක්ෂයි. චරපුරුෂයන් කීපදෙනෙක් රහසේ වෙහෙරට යැව්වොත්, සැඟවී සිට ඔවුන්ගේ කතාබහට

ඇහුම්කන් දෙන්ට ඇහැකි. එතකොට අපටත් ඒ ගැන කොණක් පොටක් පාදාගන්ට පුළුවනි."

"හෝ... යස අදහස!" යි රජතුමා ජේතවනයේ ඉන්නා භික්ෂුන්ගේ කතාබහට ඇහුම්කන් දෙනු පිණිස වරපුරුෂයන් පිටත් කළා. ඒ කාලේ බොහෝ විශ්‍රාමික රාජපුරුෂයන් රජුගෙන් අවසර ගෙන ජේතවනයේ පැවිදි ව සිටියා. ඔවුන් අතර සිටියා මහලු තෙර දෙනමක්. වාසය කළෙත් විහාර කෙළවරේ ඈත කුටිවල. එක් තෙරනමක් ධනුග්ගහ තිස්ස නම් වුණා. අනිත් තෙරනම මන්තිදත්ත නම් වුණා. ඒ දෙනම රෑ කුටියේ සැතපී පාන්දර අවදි වුණා. ධනුග්ගහ තිස්ස තෙරුන් කුටිය ඉදිරියේ ගිනිමැලයක් ගැසුවා. "ස්ථවිරයෝ... මන්තිදත්ත." "ඇයි මොකෝ?" "තවම නිදි ද?" "නෑ... නින්දක් නම් නෑ. ඒත් කරන්නේ මොකක්ද?"

"මේකනේ ස්ථවිරයෝ... අපේ කෝසල රාජා දන්නේ සැළියක් පුරා බත් කන්ට විතරයි නොවැ." "ඒ මොකෝ ස්ථවිරයෝ එහෙම කීවේ?" "හැයි... තමුන්නේ කූසේ පණුවෙකු තරමට නැති අජාසත් රාජයා විසින් අපේ රජ්පුරුවන්ව පැරද්දුවා ය කියන්නේ." "ඕහ්... හැබෑට? එතකොට ස්ථවිරයෝ රජ්පුරුවන්ට මොකක්ද කරන්ට තිබ්බේ?"

"මේකනේ ස්ථවිරයෝ... යුද්දේ කරනවා නම් ගැල් අනුබණ්ඩය, චක්‍ර අනුබණ්ඩය, පද්ම අනුබණ්ඩය වශයෙන් කණ්ඩායම් තුනකින් යුක්තව සේනාව හදන්ට ඕනෑ. ඉන් පස්සේ හිටං, අජාසත්ව අල්ලාගන්ට නම් ගැල් බණ්ඩේ හොඳටෝම ඇති. අසවල් තැන පර්වත කොණක්

තියෙනවා නොවැ. ඒ දෙපැත්තේ ශූර පුරුෂයන් තබාලා, ඉදිරියෙන් සේනාවක් පෙන්නලා හිට, ටිකෙන් ටික සටන් කරමින්, පස්සට යන්ට ඕනෑ. හෙමිහිට ඇතුළට ගන්ට ඕනෑ. ඒට පස්සේ කණ්ඩායම එක්වී කෑගසාගෙන කෙමනකට අහුවෙච්ච මාළුවෙක් ගන්නවා වගේ ජීවග්‍රහයෙන් අතේ මිටට අල්ලාගන්ට ඇහැකි.”

මෙය අසා සිටි රාජපුරුෂයෝ කොසොල් රජු බැහැදැක මුළු කතාව ම සැලකළා. රජත් ඒ අලුත් ක්‍රමයට සතුටු වුණා. ඒ අනුව අජාසත් හා යුද කොට ඒ ක්‍රමයෙන් ම ඔහුව ජීවග්‍රහයෙන් අල්ලාගත්තා. යකඩ දම්වැලෙන් බැඳ දින කීපයක් තබා, 'නැවත මෙවැනි දේ කරන්ට එපා!' යි අස්වසා තමාගේ දියණිය වන වජිරා කුමරිය ද සරණපාවා දී මහත් පිරිවරින් යුතුව පිටත් කළා.

මෙවර කොසොල් නිරිඳුන් යුද්ධය දින්නේ ධනුග්ගහ තිස්ස තෙරුන්ගේ යුදෝපාය කතාව නිසා බව භික්ෂූන් අතරත් පැතිර ගියා. දවසක් දම්සභා මණ්ඩපයට රැස්වූ භික්ෂූන් වහන්සේලා මේ ගැන කතා කරමින් සිටියා. භාග්‍යවතුන් වහන්සේ ඒ අවස්ථාවේ එතැනට වැඩම කොට වදාළා. භික්ෂූන් තමන් කතා කරමින් සිටි කරුණ සැලකළා. එවිට භාග්‍යවතුන් වහන්සේ “මහණෙනි, ධනුග්ගහතිස්ස යුදෝපායෙහි දක්ෂ ව සිටියේ මේ ආත්මයේ විතරක් නොවේ. පෙර ආත්මෙත් ඔහොම තමයි” යි මේ අතීත කතාව ගෙනහැර දක්වා වදාළා.

“ඉතා ඈත අතීතයේ බරණැස දොරටුගම්වැසි එක ලීවඩුවෙක් ලී කපාගන්ට මහවනයට ගියා. එහිදී ඔහුට වළක වැටී සිටි කුඩා උහුරු පැටවෙකු දකින්ට ලැබී

ගෙනවුත් සුරතලයට ඇති කළා. ඌට තච්ඡසූකර යන නම තැබුවා. ඌරාත් වඩුවාට ඉතා ආදරෙයි. වැඩටත් උදව් කරනවා. කැපූ ගස් හොම්බෙන් පෙරලා දෙනවා. දෑල් නූල පැටලු විට නියම ප්‍රමාණයට ම ඇදගෙන ඉන්නවා. වෑ, නියන්, මුගුරු ආදිය කටින් අරගෙන එනවා. වඩුවාත් ඌරාට හොඳට කන්ට බොන්ට දුන්නා. ඔහු මහවිශාල සිරුරක් ඇති බලවත් ඌරෙක් බවට පත්වුණා. තමන්ගේ දරුවෙකුට සේ ඌරාට සැලකූ නිසාත්, මිනිසුන් අතර විසුවොත් අනතුරක් වේ ය කියා සිතූ නිසාත්, ඌරාව නිදහස් කොට වනවාසය පිණිස මුදාහැරියා.

වනවැදුණු ඌරා මෙසේ කල්පනා කළා. "මං වනාන්තරයේ තනියම වාසය කිරීම අනතුරුදායක යි. නෑදෑ සනුහරේ සොයාගෙන ඒකුන් පිරිවරාගෙන යි ඉන්ට ඕනෑ." යි වනවදුළ අතරේ සැරිසරා යද්දී විශාල ඌරැ රැළක් දකින්ට ලැබී මේ ගාථාවන් කීවා.

01. හොහ් හෝ... වනගිරි දුදුළ හරහා සැරිසරා
     යම් මහඌරෙක් සිටිය ද නෑසනුහරේ සොයා
     ඇවිද ඇවිද ගොස් අන්තිමේදි මුණගැසුණා
     මා විසින් නෑපිරිවරක් ලැබුවා නොවෑ ලැබුවා

02. මේ වනේ අල ගෙඩි වර්ග බොහෝ තියෙනවා
     කන්ට බොන්ට ඕනතරම් ජාති තියෙනවා
     හැඩට රුවට දියකඳුරලි බිමට හැලෙනවා
     වාසයට ම සුදුසු තැනක් දැන් අපට තියෙනවා

03. කන්ට සොයා අමුතුවෙන් ම මහන්සි වෙන්ටත් නෑ
     සැක කරන්ට දේකුත් නෑ, සෝකයකුත් නෑ

හැම අතින් ම කිසිම හයක් අපට මෙතන නෑ
නෑයින් සමඟින් අපි මෙතනමයි ඉන්ට ඕනෑ

එතකොට උහුරු පිරිස තචිජසුකරයාගේ ප්‍රීතිමත්
අදහස අනුමත කළ වගක් පෙනුනේ නෑ. ඔවුන් ටිකක්
තක්කු මුක්කු වුණා. මේ ගාථාවෙන් පිළිතුරු දුන්නා.

04. අනේ තචිජසුකර, සතුටින් මෙහි ඉන්ට නම් තොප
    වෙනින් ලෙනක් සොයා දුර ඈතක පලයං
    අපගේ බිහිසුණු සතුරෙක් මෙහි සැරිසරනවා
    හොඳට වැඩුණු උහුරන් අල්ලගන්ට එනවා
    එක එකාව රැගෙන ගොහින් ඒකා මරා කනවා

තචිජසුකර :-

05. මොකාද බොල අපට ඉන්න ඒ බිහිසුණු සතුරා
    නැති කරන්ට බැරි විලසට සමඟිව අපි වසනා
    අපගේ මේ සනුහරේ නසනා ජගතා මොකාද?
    මා අසනා මේ පැනයට දීපිය පිළිතුරු සරි කොට

උහුරු රැළ :-

06. අනේ තචිජසුකර, ඔහේ දන්නෙ නෑ උගෙ හැටි
    උඩු අතට විහිදුණු වයිරං තියෙනවා ඇඟපතේ
    සිවුපාවුන්ගේ රජෙක් වගේ උහ බලසම්පන්නයි
    සවිමත් දළ ආයුධ උගේ කටේ තියෙනවා
    හුරුරැළට පැන හොඳ එවුනුත් මරාගන්නවා

තචිජසුකර :-

07. ඇයි ද බොලව් අපටත් සවිමත් දළ නැද්ද?
    අපේ ඇඟෙත් ඇයි සවිබල දුටුවේ නැද්ද?

හැම දෙනා ම අපිත් එකට සමඟිව සිටිමු
තනි සතාගෙ බල පරදා යටතට ගනිමු

උ‍රු රළ :-

08. තච්ඡසූකර, හද පිනා යයි, කනටත් ඉතා මිහිරියි
    තොප අපට දැන් ඉතා සරි වදනක් ය පැවසුවේ
    ඒ සතා හා අප කරන්ට යන මේ සටනේදී
    අපේ එකෙක් පලාගියොත්, පස්සෙ උ‍ව මරනවමයි

ඒට පස්සේ තච්ඡසූකර සියලු උරන්ව ම තනි අදහසකට ගෙන මෙය කීවා. "හරි... එහෙනම් කියාපං බලන්ට. ඔය ව්‍යාසූයා උ‍රුරළට කඩා පනින්නේ කොයි ජාමෙට ද?"

"හැයි... අදත් උදේ පාන්දර කඩාපැන්නා නොවැ. අපේ එකෙක් දැහැගෙන ගියා. හෙටත් වෙලාවට ඒවි."

තච්ඡසූකර වටපිට බැලුවා. යුදමෙහෙයුමෙහි දක්ෂ වූ ඔහු 'මෙතන සිට සටන් කළොත් ජය ගන්ට ඇහැකි' යි සිතා යුද්ධය දිනනා බිමත් හඳුනාගත්තා. ඒ පෙදෙස ලකුණු කරගෙන එදා රෑ ම උරු පිරිසට කන්ට බොන්ට දීලා, ඉතා හිමිදිරි පාන්දර පටන් ගැල් අනුබණ්ඩය ආදී වශයෙන් අනුබණ්ඩ තුනක් ඇති බව කියා, පද්ම අනුබණ්ඩය වශයෙන් සංවිධානගත කළා. පද්ම අනුබණ්ඩය සැකසීමේදී මැදින් ම සිටින්නේ කිරි බොන පැටවි. ඔවුන් පිරිවරාගෙන උරු මව්වරුන් තැබුවා. ඒට පස්සේ මව් ඒරියන් වටකොට වද ඒරියන් තැබුවා. ඒට පස්සේ ඔවුන් ඉදිරියේ තරමක් වැඩුණු උරන් තැබුවා. ඔවුන් ඉදිරියේ දළ යාන්තමින් වැඩුණු තරුණ උරන්

තැබුවා. ඔවුන්ට පෙරටුව මහා දළ ඇති ශක්ති සම්පන්න උහරන් තැබුවා. ඔවුන්තත් පෙරටුව වැඩිමහල් උහරන් තැබුවා. ඒ ඒ තැන දහය, විස්ස, තිහ බැගින් කණ්ඩායම් කොට බලඇණියක් සැදුවා.

තමාට උපකාර පිණිස එක් වළකුත්, ව්‍යාසුයාව පහළට හෙළන්ට හොඳට බෑවුම ඇති වළකුත් සැරුවා. ඒ වළවල් දෙක අතරේ තමන්ට සිටීමට ඉඩකඩ ඇති ආසනයක් කෙරෙව්වා. ඊට පස්සේ ශක්ති සම්පන්න යෝධයන් පිරිවරාගෙන තවුෂ්සූකරයා ඒ ඒ තැන උන් උහරන් අස්වසමින් සැරිසැරුවා. මෙසේ කටයුතු කරගෙන යද්දී හිරු උදාවන ලකුණු පහළ වුණා.

ව්‍යාසුයා වසන්නේ එක්තරා කූට තාපසයෙකුට හිතවත්ව යි. මරණ මරණ උහරන්ව කූට තවුසා ළඟට කෙලින් ම ගෙනියනවා. කූට තවුසා හොඳ මස් කැබැල්ල වෙන් කරගන්නවා. ඉතිරි මස ව්‍යාසුයා කනවා. එදාත් කූට තවුසාගේ කුටිය අසලින් නික්ම අවුත් කන්ද උඩට නැග සිටගත්තා. ව්‍යාසුයා දුටු උහරෝ හනික තවුෂ්සූකර වෙත දිවගොස් "හනේ ස්වාමී, අන්න අපේ සතුරා ආවා."

"හරි... හරි... එකෙක්වත් හය වෙන්ට එපා! ඒකා කරන කරන හැම දේ ම ඒ විදිහට කරපං."

ව්‍යාසුයා හොඳට සිරුර ගසා, පසුබසින බවක් හඟවා මූත්‍රා කළා. උහරු පිරිසත් එය ම කළා. උහරන් දෙස බැලූ ව්‍යාසුයා මහහඬින් ගෙරෙව්වා. උහරු පිරිසත් මහහඬින් ගෙරෙව්වා. උහරන් විසින් එකට එක කරන මේ ක්‍රියාව දුටු ව්‍යාසුයා කල්පනාවට වැටුණා. 'හැ... අද මේකුන් පෙරට

හැරී, මගේ ප්‍රතිසතුරන් වශයෙන් කාණ්ඩ ගැසී සංවිධාන
ව ඉන්නවා නොවැ. මුන්ගේ සේනාවට ප්‍රධානියෙක්
ඉන්නා හැඩයි. අද මුං අතරට යන එක ඇඟට ගුණ නෑ.”
යි මරණ භයෙන් තැතිගෙන නැවත හැරී කුට තවුසාගේ
කුටිය දෙසට ගියා. හිස් අතින් එන ව්‍යාසුයා දුටු කුට
තවුසා මේ ගාථාව කීවා.

09. මොකෝ මේ වැලකුණාවත් ද සතුන් මැරීමෙන්?
      හැම සත්වගට අභයදානය දෙන්ට සිතුණාවත් ද?
      මාගය, ඇයි තොපට දළ නැද්ද? ගත වීරිය නැද්ද?
      හුරුළ වෙත ගොස් අසරණයෙක් වගේ ඇයි මේ?

ව්‍යාසුයා :-

10. මයෙ දළ නැත්තෙ මොකෝ, හොඳට තියෙනවා
      සිරුරේ සව්බලත් මගේ යස අගේට තියෙනවා
      උඃරු සනුහරේ දැන් සමඟිදමින් බැඳි එක්වෙලා
      ඒ වනමැද මං සිටියේ උන් ඉදිරියෙ තනිවෙලා
      ඒ ගැනයි මං කල්පනාවට වැටී සිටින්නේ

11. ඉස්සර මා දුටු පමණින්, මගේ හඬ ඇසූ පමණින්
      උන් හොඳටම භයවෙනවා, හිස හැරුණු හැරුණු අත
      රැකෙන්ට තැන් සොයා සොයා දුවනවා
      ඒත් දැන් උන් ඔක්කොම එකට එකතු වෙලා
      තනි මට උන් මැඬලන එක ලේසි නෑ වගේ

12. තමන්ගෙ තනි වවනෙට එකතු කරන්ට හැකි වූ
      හොඳ නායකයෙක් දැන් නම් උන්ට ඉන්නවා
      උන් ඔක්කොම සමඟි වුණා, මට විපතක් වේවි
      එනිසා උන් වෙත යන්නට අදහස මට නැනේ

කූට තවුසා :-

13. හෙනේ හෙනේ යෝදයෝ,
ශක්‍රයා වුණත් අසුරන් පරදවන්නෙ තනියමයි
උකුස්සා කුරුලු දඩයම් කරන්නෙත් තනියමයි
හුරු රෑලට කොටියා පනින්නෙත් තනියමයි
හොද උෘරන් මරාන උෘ එන්නෙත් තනියමයි
ඒකට නොවැ බොල බලය කියන්නේ

ව්‍යාසුයා :-

14. මුළ නෑසනුහරේ එකම අදහසට සමගි වෙලා
සටනට ඇවිත් සිටියොත් ශක්‍රයාට දිනන්තත් බෑ
උකුස්සාතත් බෑමයි, මෘගාධිපති ව්‍යාසුයාතත් බෑ
ව්‍යාසුයා වැනි අයටත් උන්ව වසඟෙට ගන්ට බෑ

කූට තවුසා :-

15. කුම්හීලක නමින් පුංචි කුරුල්ලො ජාතියක් ඉන්නවා
උන් එකට රංචු ගැහී ප්‍රීති වෙවී
ගොදුරු සොයා අහසෙ පියාඹා යනවා එකටම

16. එකටම අහසේ පියඹන
ඔවුන්ගෙන් එකෙක් දෙන්නෙක්
රෑනෙන් පිට ආකාසේ තනිව පියාසලනවා
තනි උකුස්සා අල්ලන්නේ ඒ පැන යන එකාවයි
ව්‍යාසුයත් අන්න එහෙම ඉන්ට ම ඕනෑ

"ව්‍යාසුය, තෝ තමුන්නෙ බලපරාක්‍රමය දන්නෙ නෑ. හය ගන්ට ඕනෑන්නේ නෑ... මහහඬින් ගොරවාගෙන කඩාපැනපිය. එතකොට දෙන්නෙක් එකට යනවා කියන

එක නම් බොරු." යි කුට ජටිලයා ඌරු දඩයමට ඔහුව
තව උත්සාහ කළා.

17. මස් කෑමට ගිජුව සිටින, රැදුරැසිත් ඇති කුට තවුසා
නැවත නැවත කරුණු කියා දඩයමට උසිගැන්නුවා
කලින් තමන් දඩයම් කළ හැටි සිතා
ඒ දළ ඇති ව්‍යාසුයා ගොරවාගෙන ඇවිත්
මහ දළ ඇති ඌරන් අතරට පැන්නා

ව්‍යාසුයා ආයෙමත් කදුමුදුනට ආවා. ඌරෝ
තච්ඡසූකරට ගිහින් සතුරා ආ වග දැනුම් දුන්නා.
"හරි... තොපි එකෙක්වත් හය වෙන්ට එපා" යි අස්වසා
ආවාට දෙක අතර වූ පිඨිකාවෙහි තච්ඡසූකර සිටගත්තා.
ව්‍යාසුයා වේගයෙන් ජවය උපදවාගෙන තච්ඡසූකර
වෙත කඩාපැන්නා. එසැණින් ම තච්ඡසූකරයා බටහිර
පැත්තේ තිබූ පළවෙනි ආවාටයට පැන්නා. වේගය
පාලනය කරගත නොහැකි ව්‍යාසුයා බෑවුමේ සාරා තිබූ
ආවාටයට වැටී වකගැහුණා. එතකොට ම තච්ඡසූකරයා
වේගයෙන් නැගී හිට, කොටියා වෙත පැන පපුවට දළෙන්
ඇනගෙන ගියා. පපුව පළා හදමස් කෑවා. මුඛයෙන්
සපා ආවාටයෙන් පිටතට ගෙන "ගනිං මේ වහලා ව්!"
යි කීවා. මුලින් ම ආ ඌරන්ට ලැබුණේ හොම්බ දාන්ට
විතරයි. පසුව ආ ඌරන් "කෝ යකුනේ, මෙතන ව්‍යාසු
මසක් නෑ නොවැ." යි කීවා. තච්ඡසූකර වළෙන් ගොඩට
ඇවිත් "දැන් තොපිලාට සතුටු ද? ඇයි අසතුටෙන් වගේ?
යකුනේ, සතුටු වෙයව්."

"අනේ ස්වාමී, කොහොමෙයි සතුටු වෙන්නේ?
ඔය ව්‍යාසුයා එක සතුරෙක් විතරයි. තව මහ එකෙක්

ඉන්නවා. ඒකා ව්‍යාසුයන් දහදෙනෙකුගේ ඔට්ටුවකට තියන්ට ඇහැකි.”

“ඔහ්... ඒ මොකාද?”

“කූට තවුසෙක් ඉන්නවා. ඒකා තමයි ව්‍යාසුයා මරා ගෙන එන සතුන්ගේ හොඳම කොටහ බුදින්නේ.”

“වරෙව් එහෙනම්, දැන් ම ගොහින් ඒකාව අල්ලා ගම්මු.” යි උහරු සේනාව වේගයෙන් දිව්වා.

'තවමත් අපගේ ව්‍යාසුයා නැත්තේ මොකෝ? සෝදිසි කර බලන්ට ඕනෑ' යි කූට ජටිලයා කොටියා එන මග බලා උන්නා. උහරු සේනාව වේගයෙන් එනවා දැක 'හප්පා... මුන් ව්‍යාසුයාව මරලා වගේ. ඔය එන්නේ මාව මරන්ට.' යි පලාගොස් දිඹුල් රුකකට නැග ගත්තා.

“අන්න අරකා ගසට නැග්ගා.” යි හුරු පිරිස කෑගැසුවා. “ඒ රුක මොකක්ද?” “ඕක දිඹුල්.” “හරි... කමෙක් නෑ. වැඩිය සිතන්ට ඕනැන්නේ නෑ. දැන් ම උඹව අල්ලා ගන්ට ඕනෑ. තරුණ උහරු රළ මෙහෙ වර. හාරාපියව් ගහ වටේ. කෝ ඊරියෝ ටික. හනික ගොහින් ආං අර දිය ඇලෙන් කට පුරා දිය ඇන්න වර. ගහ මුල දමාපිය. හරි... දැන් මහදල උහරෝ ඇවිත් ගහමුල සිඳපිය.” යි කියමින් සංවිධාන කළා. මුදුන් මුල පමණක් ඉතිරි වුණා. එතකොට අනිත් උහරෝ ඇවිත් “හා... දැන් තොපිලා අයින් වෙයව්...” යි කියා දණ බිම ඇන දළින් මුලට පහර දුන්නා. පොරවකින් කැපුවා වගේ ගස සිඳි පෙරළී වැටුණා. කූට තවුසා වැටෙනකොට ම මැරුවා. මරා මස් කෑවා. මේ පුදුම සහගත දේ දුටු රුක්දෙවියෙක්,

18. සමගි වූ බොහෝ නෑයන් ඇති බව ඉතා හොඳයි
    වනයේ බොහො රුක් එකට තියේ නම් හොඳයි
    උඟරු නෑසනුහරේ සමගියෙන් බැඳි එක්වී
    එක්වරක ගත් වෑයමෙන් ව්‍යාසුයා මරා දැම්මා

මෙය වදාළ භාග්‍යවතුන් වහන්සේ මේ ගාථාව වදාළා.

19. සමගියෙන් වැඩ කළ උඟරු රළ
    බමුණාත් ව්‍යාසුයාත් දෙන්නා ම නැසුවා
    මහා ප්‍රීතියෙන් සතුටින් හඬ නගා සෝෂා කළා

ඊට පස්සේ තච්ඡසූකර ඇසුවා. "හ්ම්... දැන් කියාපිය. තොපිට හඳි කටින තවත් සතුරෝ සිටිත් ද?" "අනේ නෑ ස්වාමී, ඔකුන් දෙන්නා තමයි හැම විනාශයක් ම කළේ." කියා උඟරු රළ රැස්වුණා. "අපි අද ම තමුන්නාන්සේව රජකොමට පත්කරනවා." යි කියා තවුසාගේ පැන් කෙණ්ඩිය ගෙන ආවා. එතන ම තිබුණු දකුණට කරකැවී ගිය මංගල සක්ගෙඩියක් දැක එයත් ගෙන ආවා. එයට ජලය දමා, දිඹුල් රුක් මුල ම තච්ඡසූකරගේ හිස පැන් ඉස අභිෂේක කළා. දියෙන් අභිෂේක කළ ඊරියකවත් අගමෙහෙසිය කොට දුන්නා.

එතැන් පටන් තමයි දිඹුල් රැකින් කළ ආසනයක වාඩිකරවා, දක්ෂිණාවෘත සංඛයකට පැන් පුරවා, ඒ පැන් හිස මත ඉසිමින් රජවරුන්ගේ අභිෂේකෝත්සවය පවත්වන්නේ." භාග්‍යවතුන් වහන්සේ අවසානයට මේ ගාථාව වදාළා.

20. එදා දිඹුල් ගස මුලට රැස් ව සියලු උඟරෝ
    තොප ය අපට අධිපති මහරජා කියා
    හිස පැන් ඉස තච්ඡසූකර අභිෂේක කළා

"මහණෙනි, ධනුග්ගහතිස්ස හික්ෂුව පෙර ආත්මයේත් යුද කටයුතු සංවිධානයට ම යි දක්ෂ. මහණෙනි, එදා කූට තවුසා ව සිටියේ දේවදත්ත. තච්ඡසුකර ව සිටියේ ධනුග්ගහතිස්ස. එය දුටු රුක්දේවතා ව සිටියේ මා ය" කියා මේ තච්ඡසුකර ජාතකය නිමවා වදාළා.

10. මහා වාණිජ ජාතකය
අනුවණ වෙළෙන්දන් ගේ කතාව

පින්වතුනේ, පින්වත් දරුවනේ,

තැනට සුදුසු නුවණින් යුක්ත ව කටයුතු කළ වෙළෙන්දෙකු අරභයා වදාළ කතාවකුයි දැන් කියවෙන්නේ. ඒ දිනවල අප භාග"යවතුන් වහන්සේ වැඩවාසය කොට වදාළේ සැවැත් නුවර ජේතවනයේ. ඔය කාලයේ එක්තරා වෙළඳ කණ්ඩායමක් වෙළඳාම් පිණිස ඈත ප්‍රදේශයකට යන්ට සූදානම් වුණා. පළමුකොට ඔවුන් භාග"යවතුන් වහන්සේ ප්‍රමුබ හික්ෂු සංසයාට මහා දානයක් පිරිනැමුවා. සරණ සිල්හි පිහිටියා.

"ස්වාමීනී, භාග"යවතුන් වහන්ස, අපට නිදුකින් ආපසු එන්ට ලැබුණොත්, නුඹවහන්සේ ගේ සිරිපා වඳින්ට එනවා ම යි!" යි කියා වන්දනා කොට පන්සීයක් ගැල්බඩු ගෙන පිටත් වුණා. ක්‍රමයෙන් මහා වනාන්තරයකින් හෙබි කාන්තාර මාර්ගයකට පැමිණියා. එහි මගතොට හඳනා ගන්ට බැරිවීමෙන් ඔවුන් මංමුලා වුණා. ජලය සොයා ගන්ටත් බැරිවුණා. නිරාහාරව වනයේ එහෙ මෙහෙ ඇවිද්දා. නාගාධිගෘහිත එක්තරා සුවිශාල නුගරුකක් දැක එතන ගැල ගාල් කෙරුවා. ගොනුන් ලිහා දමා නුගරුක්

සෙවණේ වාඩිවුණා. ඒ නුගරුක දෙස බලා සිටිද්දී ඔවුන්ට අමුත්තක් පෙනුනා.

"ඒයි මේ බලාපල්ලා... මේ නුගරුකේ පතු සිනිඳුයි. දියෙන් තෙතභරිත වී පේනවා. දිය පිරී ගිය අතු ඉති තියෙනවා වගෙයි. බාගදා මේ නුගයේ ජලය තියෙන්ට පුළුවනි. කෝකටත් පෙරදිගට පිහිටි මේ අත්ත සිඳිමු."

එතකොට කෙනෙක් රැකට නැග ඒ අත්ත කැපුවා. එසැණින් තල්කඳක් හා සමාන මිහිරි ජලධරාවක් එයින් ගලාබැස්සා. ඔවුන්ට හරි සතුටුයි. සිතුමනාපේ පැන් බී, හොඳින් දිය නාගත්තා. ඊට පස්සේ දකුණු පැත්තේ ශාබාවකුත් කැපුවා. එතැනින් ප්‍රණීත ආහාරපාන නික්මුණා. ඒවාත් සිත් සේ අනුභව කළා. බටහිර පැත්තේ අත්තත් කපා බලමු යි කියා එයත් කැපුවා. එතැනින් අලංකාරව සැරසුණු ස්ත්‍රීන් එක පෙළට බැස්සා. ඔවුන් ඒ ස්ත්‍රීන් සමගත් සතුටින් වාසය කළා. ඊළඟට උතුරු පැත්තේ අත්තත් කැපුවා. එතනින් සත්රුවන් ගලන්ට පටන් ගත්තා.

එතකොට ඔවුන් ගැල්වල තිබූ බඩු ඉවත් කොට සත්රුවනින් ගැල් පුරවාගෙන ආපසු හැරී සැවැත් නුවර ආවා. බොහෝ ධනය උපයාගත් ඔවුන් සුවඳමල් ආදිය ගෙන භාග්‍යවතුන් වහන්සේ බැහැදැක වන්දනා කොට "ස්වාමීනී භාග්‍යවතුන් වහන්ස, හෙට දවසේ අපගේ දානය පිළිගන්නා සේක්වා!" යි දනට ඇරයුම් කළා. පසුවදා මහදන් පුදා "ස්වාමීනී භාග්‍යවතුන් වහන්ස, අපට මේ සා ධනයක් ලබාදුන් ඒ වෘක්ෂ දේවතාවාට මේ පින් අනුමෝදන් වේවා!" යි කියමින් දන් පූජා කරගත්තා. දන්

වළඳා අවසානයේ භාග්‍යවතුන් වහන්සේ "ගෘහපතිවරුනි, තොප විසින් පුණ්‍යානුමෝදනා කරන ඒ දේවතාවා කවුද?" එතකොට ඒ වෙළෙන්දෝ තමන් මහා වනාන්තර කතරේ අතරමං වූ සැටිත්, සුවිශාල නුගවෘක්ෂය හමු වූ සැටිත්, එහි අතු කැපූ විට සිදු වූ සියලු දෙයත් විස්තර වශයෙන් කීවා.

"ගෘහපතිවරුනි, තොප බේරුණේ ප්‍රමාණය දැනගෙන, තණ්හාවට වසඟ නොවී ධනය ලබාගත් නිසයි. ඔයිට කලිනුත් ඔවැනි දෙයක් එතන සිද්ධ වුණා. එදා පමණ නොදැන, තණ්හාවට වසඟ වූ වෙළෙන්දන් සියලු දෙනාගේ ජීවිතයත් ධනයත් දෙක ම නසාගත්තා."

"අනේ ස්වාමීනි, ඒ පමණ නොදැන කටයුතු කළ වෙළෙන්දන්ට සිදු වූ විපත ගැන කියාදෙන සේක්වා!" යි ඉල්ලා සිටියා. භාග්‍යවතුන් වහන්සේ මේ අතීත කතාව ගෙනහැර දක්වා වදාළා.

"ගොඩාක් ඈත කලෙකයි මෙය වුණේ. එදා බරණැස සිටි වෙළඳ පිරිසක් ගැල්මඟ මුලා වීමෙන් ඔය වනාන්තරේ ම ඔය නුගරුක වෙත ම පැමිණුනා. වෙළෙන්දෝ නුගරුක් සෙවණට ඇවිත් හිඳගෙන රුක දෙස බැලුවා" යි කියා භාග්‍යවතුන් වහන්සේ මේ ගාථාවන් වදාළා.

01. නොයෙක් දනව්වලින් පැමිණ,
    එකට සිටිය වෙළෙන්දෝ
    එක් අයෙකු ගැල්නායකයා කොට
    වටිනා වෙළඳ බඩුත් රැගෙන
    පන්සියක් ගැල් එකමුතු වී
    දුරු රට වෙළඳාමේ පිටත් වී ගියා

02. කන්ට අහර නැති, බොන්ට දියපොදක් නැති
    ඒ මහවනාන්තර කතරේ අතරමං වී සිටි ඔවුන්
    සිහිල් සෙවණැති ඉතා මනරම් මහනුගයක් දුටුවා

03. මෝහයෙන් මුලා වී ගිය ඒ අනුවණ වෙලෙන්දෝ
    නුගරුක් සෙවණේ හිඳ, රුක බලා මෙය සිතුවෝ

04. බලව් මිතුරනි, මේ නුගරුක දෙස
    හොඳට තෙතභරිත ව පෙනේ අපූරුවට
    ජලය ද අතු අතරින් වැගිරේ
    අපි මේ රුකේ පෙරදිග අත්ත කපා බලමු ද?

05. ඔවුන් නුගරුකේ පෙරදිග අත්ත කැපුවිට
    නොකැළඹුණු පිරිසිදු දිය වැගිරුණේය එතනින්
    සිත් සේ පැන් බී දිය නා සතුටු වූවෝය ඔවුහු

06. මෝහයෙන් මුලා වූ ඒ අනුවණ වෙලෙන්දෝ
    ඊළඟට සිතුවේ නුගරුකේ දකුණු අත්ත ගැනයි
    එසේ නම් අපි ම රුකේ දකුණු අත්තත් කපමු ද?

07. දකුණු අත්ත කැපූ විට ඇල්හාලෙන් පිසූ බත් ද
    මස් රස හා දිය නැති කිරිබත් සේ මිහිරි කැවුම්
    නොයෙක් රසවත් කැවිලි ද සූප වර්ගත් එයින් ආවා

08. හොඳහැටි බඩ කට පිරෙන්ට ඔවුන් සප්පායම් වුණා
    යළි මෝහයෙන් මුලා වූ ඒ අනුවණ වෙළඳ කැල
    නුගරුක දෙස බලා තවතවත් සිතන්ට පටන් ගත්තා

09. එසේ නම් අපි බටහිර අත්තත් සිඳිමු නේද කියා
    බටහිර අත්ත සින්ද සැණින්, හැඩට හැඩ පැළඳගත්
    මනරම් ළඳුන් එකිනෙකා එතනින් පහළ බැස්සා

10. නානා වතින් සැරසී, මිණිකොඩොල් අබරණින් සැදී
එක් එක් ලදක් එහි, හැම වෙළෙන්දාට ම ලැබුණා
වෙළඳ නායකයා හට, විසිපහක් ලදුන් ලැබුණා

11. නුගරුක් සිනිදු සෙවණේ රැස් වූ ඒ වෙළෙන්දෝ
ලදුන් පිරිවරාගෙන සිත් සේ සතුටු වූවා

12. මෝහයෙන් මුලා වූ ඒ අනුවණ වෙළෙන්දෝ
සිව්වෙනි වරත් සිතා උතුරු දිග අත්තත් කපමු කීවා

13. උතුරු දිග අත්ත කැපුවිට, රන් රිදී මුතු මැණික්
වෙරෝඩි, ඇත්පලස්, ලොමින් කළ වටිනා පලස්
උතුරු අත්තෙන් බිමට වැටුණා

14. සිනිදු කසී සළු හා උද්දීස නම් කම්බිලිත්
එයින් වැගිරුණු විට, හනික ඒවා පොදි බැඳගත්තා

15. මෝහයෙන් මුලා වූ ඒ අනුවණ වෙළෙන්දෝ
පස්වෙනුවටත් සිතා, තව තව වස්තු ලබන්නට
නුගරුක සහමුලින් කපා දමමු යි කීවා

16. එතකොට නායක වෙළෙන්දා, දෑත් එක්කොට වැඳ
වෙළඳුනි, තොපට සෙත් වේවා! කරුණක් අසමි මම
ඇයි තොප මේ රුක මුලින් නසන්ට යන්නේ?
කිසි වරදක් කළේ නෑ නොවැ මේ නුගරුක
මං ඒ වැඩේට නම් කිසිසේත් කැමති නෑ

17. වෙළෙන්දනි, තොපට සෙත් වේවා! අසව් මේ බස
මේ නුගරුක් පෙරදිග අත්ත, අප සැමට දිය දුන්නා
දකුණු අත්තත් රසවත් අහර දුන්නා
බටහිර අත්තෙන් සොඳුරු ලදුන් ලැබ දුන්නා
උතුරු දිග අත්තෙන් කැමති හැම දේ ම දුන්නා

එවන් සැප දුන් මේ නුගය සිඳ හෙළන්නේ
තොපට කවර වරදක් කළාදෝ

18. යම් රුකක් සෙවණේ යමෙක් හිඳ සැතපේ නම්
සත්පුරුෂයා කිසිදා එහි අතු නෑ ම යි සිඳින්නේ
මිතුද්‍රෝහිකම නම් පාපයක් ම යි

19. තනි වෙළඳ නායකයාගේ වදන්
ඒ බොහෝ වෙළෙන්දෝ පිළිගත්තෙ නෑ
තියුණු පොරෝ ගෙන පහර දෙමින්
නුගරුක මුලින් ම සිඳින්ට පටන් ගත්තා

මේ සිදුවීම දෙස නුගරුක අධිගෘහිත නාගරාජ්‍යා බලා සිටියා. 'යසයි මෙවුන්... සා පිපාසයෙන් මිරිකී මෙතන ආවේ. පිපාසය දුරුවෙන්ට මේකුන්ට සිතල පැන් දුන්නා. බඩ කට පිරෙන්ට රසවත් ආහාර දුන්නා. නිදා ගන්ට ආසනත් සොඳුරු ලඳුනුත් දුන්නා. පන්සියයක් ගැල් පුරවා ගන්ට සත්‍රුවන් වස්තුව දුන්නා. දැන් මේකුන් හදන්නේ මයෙ නුගරුක සහමුලින් සිඳ දමන්ටයි. වෙළඳ නායකයා හැර අනිත් එකෙක්වත් තියන්ට වටින්නේ නෑ. මරන්ට ම යි ඕනෑ.' යි සිතා 'මෙපමණ සන්නද්ධ හටයෝ මෙතැනින් මතු වෙත්වා! මෙපමණ දුනුවායෝ නික්මෙත්වා! යුදසැට්ට ඇඟ ලාගත් මෙපමණ හටයෝ මතු වෙත්වා!' යි සිය සේනාව හැසිරෙව්වා.

20. ඒ නුගරුකෙන් සටන් පිණිස සන්නද්ධ වූ නාගයෝ
විසිපස් දෙනෙක් මතු වුණා
තුන්සීයක් දුනුවායෝ මතුවුණා
යුද සැට්ට ඇඟලු සයදහසක් හටයෝ මතුවුණා

21. නසව් මුන්ව, බඳිව් මුන්ව
පණ පිටින් පැනගන්ට නම් දෙන්ට එපා!

ගැල් නායකයා පමණක් ඉතිරි කොට
අන් සියලු දෙන මෙහි ම අළු කර දමාපං

ඊට පස්සේ නාගයෝ වෙළඳ නායකයාත්, වටිනා බඩු
පැටවූ ගැල් පන්සියත්, ඔහුගේ නිවසට ම පැමිණෙව්වා.
ඔහුගේ නිවසේ ඒ සියලු බඩු තැන්පත් කොට ඔවුන්
නොපෙනී ගියා. මේ කතාව වදාළ භාග්‍යවතුන් වහන්සේ
අවවාද වශයෙන් මේ ගාථාවන් වදාළා.

22. එනිසා නුවණැති මිනිසා සිය යහපත සලකා
ලෝභයට වසඟ නොවී, ලෝභය නමැති සතුරා
සිතෙහි වැඩෙන්ට නොදී නසා දැමිය යුතු වේ

23. ආසාවන්ට සිත බැඳී යාමෙන්
හැම දුක් උපදින බව අවබෝධ කොට
තණ්හාවේ ම ඇති ආදීනව හොඳින් වටහාගෙන
හැම තණ්හා දුරු කළ, හැම උපාදාන දුරු කළ
සිහි නුවණ ඇති හික්ෂුව සුවසේ ම ය වසන්නේ

උපාසකවරුනි, අන්න එහෙමයි අතීතයේ හුන්
අනුවණ වෙළෙන්දෝ සීමාවක් නොදුටු තමන්ගේ ලෝභය
නිසා විනාශයට පත්වුණේ. කිසිදා මෙවැනි ලෝභකමක්
සිතෙහි ඇතිකරගන්ට හොඳ නෑ.” යි පවසා චතුරාර්ය සත්‍ය
ධර්මය වදාළා. එය අවසානයේ පන්සියයක් වෙළෙන්දෝ
සෝවාන් ඵලයට පත්වුණා. “එදා නාගරාජයා ව සිටියේ
අපගේ සාරිපුත්තයෝ. ගැල්නායකයා ව සිටියේ මා ය”
කියා භාග්‍යවතුන් වහන්සේ මේ මහා වාණිජ ජාතකය
නිමවා වදාළා.

11. සාධීන ජාතකය
සාධීන රජුගේ කතාව

පින්වතුනේ, පින්වත් දරුවනේ,

මේ කතාවේ සඳහන් වෙන්නේ උපාසකයන් විසින් සමාදන් වන පෙහෙවස් රැකීමේ ලාභය ගැනයි. ඒ දිනවල අපගේ භාග්‍යවතුන් වහන්සේ වැඩවාසය කොට වදාළේ සැවැත් නුවර ජේතවනයේ. එදා පොහොය දවසක්. උපාසක පිරිසක් පෙහෙවස් සමාදන් ව සිටියා. දම්සභා මණ්ඩපයට වැඩමවා වදාළ භාග්‍යවතුන් වහන්සේ ඒ උපාසකයන් පෙහෙවස් සමාදන් වීම ගැන ප්‍රශංසා කොට "උපාසකවරුනි, පෙහෙවස් සමාදන් වීම බොහෝ අනුහස් ලැබෙන දෙයක්. ඉස්සර කාලේ සිටිය නුවණැත්තෝ තමන් විසින් රැකගත් පෙහෙවස් නිසා ම මිනිස් සිරුරින් ම දෙව්ලොව ගොහින් සැහෙන කලක් දෙව්සැප වින්දා නොවැ." යි වදාළා. එතකොට උපාසකවරු ඒ කතාව කියාදෙන්ට කියා භාග්‍යවතුන් වහන්සේගෙන් ඉල්ලා සිටියා. භාග්‍යවතුන් වහන්සේ මේ අතීත කතාව ගෙනහැර දක්වා වදාළා.

ඈත අතීතයේ මිථිලා නුවර සාධීන නම් රජෙක් ඉතා ධාර්මිකව රජකම් කළා. ඔහු ඒ මිථිලා නුවර ප්‍රධාන දොරටු සතරේත්, නුවර මැදත්, රජමැදුර ඉදිරිපිටත්

වශයෙන් දානශාලා හයක් කෙරෙව්වා. මුළු දඹදිව කුඹුරු වැඩ නවත්වා මහදන් පැවැත්තුවා. දිනපතා රන් කහවණු හයලක්ෂය බැගින් වැය කළා. තමාත් නිති පන්සිල් රැක්කා. පොහෝ අටසිල් පෙහෙවස් සමාදන් ව වාසය කළා. සාධීන රජුගේ ඔවදන් පිළිගත් රටවාසීන් ද දානාදී පින්කම් කිරීම හේතුවෙන් මරණින් මතු දෙව්ලොව උපන්නා. සුධර්මා දිව්‍ය සභාව අලුත් දෙව්වරුන්ගෙන් පිරී ගියා.

සාධීන රජුගේ සීලාදී ගුණධර්මයන්ට දෙව්ලොව දෙවියෝ පවා ප්‍රශංසා කරන්ට පටන් ගත්තා. එය ඇසූ අනිත් දෙව්වරුන්ටත් සාධීන රජු දැකීමේ කැමැත්තක් හටගත්තා. ශක්‍ර දිව්‍යරාජයා ඒ දෙවියන්ගේ අදහස් දැන මෙය ඇසුවා. "නිදුක්වරුනි, තොප මනුලොව සිටින සාධීන රජු මෙහි දකින්ට කැමති ද?" "එහෙමයි දෙව්රජාණෙනි."

එතකොට සක්දෙවිඳු මාතලී දෙව්පුතුට මෙය කීවා. "පුත්‍රය, යන්න. වේජ්‍යන්ත රථයෙන් ගොස් සාධීන රජුව මෙහි කැඳවාගෙන එන්න."

"එසේය දෙව්රජුනි." කියා මාතලී දෙව්පුතු දහසක් දිව්‍ය අශ්වයින් යොදන ලද, අලංකාර වේජ්‍යන්ත රථයෙන් විදේහ රට මිථිලා නුවරට ගියා. එදා පොහොය දවසක්. මිනිසුන් සැන්දෑ යාමයේ නිවෙස්හි දොරකඩ වාඩිලා සැප කතාවෙහි යෙදී හුන්නා. මාතලී දෙව්පුතු සඳමඬලත් සමග මහාරථයත් පෙනෙන්ට සැලැස්සුවා. එතකොට මිනිස්සු "ආං අර බලන්ට... සඳ මඬල දෙකක් නැගිට්ටා." යි කියන්ට පටන් ගත්තා. එතකොට මාතලී දිව්‍යපුත්‍රයා

සඳමඩල අත්හැර රථය වෙන ම පෙනෙන්ට සැලැස්සුවා. එතකොට මිනිස්සු "නෑ... ඒ තවත් සඳමඩලක් නොවේ. දිව්‍යපුත්‍රයෙක් එන්නේ." එතකොට ඒ රථය පහළට ආවා. "අනේ දිව්‍යපුත්‍රය, මේ දිව්‍ය අශ්වයන් යෙදවූ අලංකාර දිව්‍ය රථය මනුලොවට ආවේ කවුරුන් සඳහා ද? අපට නම් සිතෙන්නේ අන් කවුරුත් නිසා නොව අපගේ සාධීන රජු නිසා ම වෙන්ට ඕනෑ කියලයි. උන්නාන්සේ ඉතා දැහැමි ධර්මරාජ්‍යයෙක් නොවැ." යි කියමින් මහත් සතුටින් දෑත් එක්කොට වඳිමින් මේ පළමු ගාථාව කීවා.

01. අනේ මෙය නම් මහා පුදුමයකි!
     ලොමුදහගැන්වෙන දෙයකි ලොව මේ උපන්නේ
     කිත් යසස් ඇති අපගේ වේදේහ නිරිඳුහට
     දිව්‍ය රථයකුත් දැන් පහළ වී තිබෙන්නේ

මාතලී දෙව්පුත්‍ර රථය ගෙනවුත්, මිනිසුන් විසින් කරන ලද සුවඳ මල් පූජා මැද තුන් වරක් නගරය පැදකුණු කොට, රජමිදුලට ගොස් රජමැදුරේ දොරටුව අසල නැවැත්තුවා. රථයේ පසුපස වූ දොර හැර රථයට නගින්ට පඩි සකසා සිටියා. එදා රජතුමා දන්සැල් බලන්ට ගොසින් 'මෙම මෙහෙම දන් දෙන්ට. මේ අයුරින් පෙහෙවස් සමාදන් වෙන්ට' ආදි වශයෙන් ඔවදන් දෙමින් දවස ගෙවා, යළි මාලිගයට ඇවිත්, ඇමති පිරිවර සමග අලංකාර ශාලාවේ නැගෙනහිර දෙසට මුහුණ ලා දැහැමි කතාවෙන් හුන්නා.

ඉක්බිති මාතලී දෙව්පුත්‍ර ඇවිත් සාධීන රජුට දිව්‍ය රථයට ගොඩවෙන්ට කියා ඇරයුම් කළා. රජුත් රැගෙන පිටත් වුණා. ඒ ගැන සඳහන් කොට භාග්‍යවතුන් වහන්සේ මේ ගාථාව වදාළා.

02. මහත් ඉර්ධි ඇති දෙව්පුතෙකි මාතලී
හේ යැ රියදුරු වෛජයන්ත රටයේ
ඇරයුම් කළා විදේහයේ මිථිලා නුවර සාධීන රජුට

03. පොළොවේ දිසාවන්ට අධිපති රාජ ශ්‍රේෂ්ඨය,
මෙහි වඩිනු මැන, මේ දෙව්රියට ගොඩවුව මැන
සක්දෙවිඳු සහිත වූ තව්තිසා දෙව් පිරිස
සුධර්මා දෙව් සභාවේ රැස් ව ඔබ දකිනු රිසියෙන්
ඔබ ගැන ම කතා කරමින් ඉන්නවා

04. සාධීන රජ ඇවිත් උතුම් දෙව්රියට නැංගා
දහසක් අසුන් යොදවා ඇති ඒ දෙව්රියෙන්
තව්තිසා දෙවියන් වෙත ගියා
එහි පැමිණි රජු දැක තුටු වූවොය දෙවියෝ

05. ස්වාගතය මහරජ තොපට! අපවෙත ද ආවා තොවැ
වාඩිවුව මැන රාජ ශ්‍රේෂ්ඨය, සක්දෙවිඳු අසළින්

06. මිථිලාවෙන් ආ සාධීන රජුත් සක්දෙවිඳුත් තුටුවුණා
සක්දෙවිඳු නිරිඳුට දිව්‍යකාමයන්ගෙන් හා අසුනින්
හොඳින් සැප සම්පත් දුන්නා

07. ඉතා මැනවි රාජ ශ්‍රේෂ්ඨය, තොපගේ මෙහි ඒම
දෙවියන්ට පහළ ව ඇති කාමසම්පත් තිබෙන්නේ
ඔවුන් සිතනා පතන අයුරිනි
මේ දිව්‍ය සම්පත් තොපත්
හොඳින් පරිහරණය කළ මැනව

ඒට පසු සක්දෙවිඳුගේ යොදුන් දස දහසක් වූ දිව්‍ය නගරයත්, දෙකෝටි පනස් ලක්ෂයක් දිව්‍ය අප්සරාවනුත්, වෛජයන්ත මහා දිව්‍ය ප්‍රාසාදයත් මැදින් බෙදා

දුන්නා. සාධීන රජ දෙව්සිරි විඳිමින් මිනිස් ආයුෂයෙන් වසර සත්සියයක් ඉක්ම යන තුරු වාසය කළා. මිනිස් ආත්මයෙන් ම දෙව්ලොව වසන පින අවසන් වීම නිසා ඔහු තුළ දෙව්සිරිය ගැන නොඇල්ම ඇතිවුණා. එතකොට සක්දෙවිඳු අමතා මෙය කීවා.

08. සක් දෙවිඳ, මා මෙහි පැමිණි මුල් දිනවල
      දිව්‍ය සංගීතෙට හා නෘත්‍යයටත් සිත බැඳී තිබුණා
      එහෙත් අද මගේ සිත දෙව්සැපයට නොඇලේ
      ගෙවුණා ද මා ආයුෂ? සිහිමුළා වුවා ද මාගේ?

එතකොට සක්දෙවිඳු මේ ගාථාවෙන් පිළිතුරු දුන්නා.

09. වීර නරශ්‍රේෂ්ඨය, ඔබේ ආයුෂ තවම නෑ ගෙවුණේ
      මරණයට තව ඔබට කල් තියෙනවානේ
      ඔබ පැමිණියේ මෙහි යම් පිනකින් නම්
      සැප විඳින්නට තිබූ ඒ පිනයි නිමා වූයේ

10. මනුලොව දිසාවන්ට අධිපති රාජශ්‍රේෂ්ඨය,
      දෙවියන්ගේ ආනුභාවයෙන් මෙහි විසුව මැන
      තව්තිසා දෙවියන්ගෙ දෙව්සැප මනුලොව නැති නිසා
      ඔබ මෙහි දිගටම රැඳී දෙව්සැප විඳ මැන

සාධීන රජ එයට කැමති වූයේ නෑ. ඔහු එයට අකැමති බව පවසමින් මේ ගාථාවන් කීවා.

11. අනුන්ගෙන් ඉල්ලාගත් රියක් සේ
      අනුන්ගෙන් ඉල්ලාගත් ධනයක් සේ
      අනුන් විසින් දෙන පිනෙන් යම් සැපක් ලබයි නම්
      මේවාත් ඒ වාගේ තමයි නොවැ

12. අනුන් දෙන ලද යම් සැපක් වේ නම්
    එය මා සතු කරගන්ට, අනේ මට රුචි නෑ
    මා විසින් ම රැස්කළ යම් පිනක් තිබේ නම්
    එය ම යි මා සතු, එයයි උරුම නියම ධනය

13. එනිසා මට නැවතත් මනුලොව යන්ට ඕනෑ
    හොඳින් දන් දී, සියලු අකුසල්වලින් වැළකී
    ඇස් කන් ආදී ඉඳුරන් ද සංවර කොට
    හොඳින් දමනය වී වසනවිට
    ඒ හේතුවෙන් යම් සැපක් ලබයි නම්
    පසුතැවිලි ද ඇති නොවේ නම්
    එබඳු තව බොහෝ කුසල් ම යි මට කරගන්ට ඕනෑ

එය ඇසූ සක්දෙවිඳු සාධීන රජුගේ අදහස පිළිගත්තා. මාතලී දෙවිපුතු ලවා යළිත් මනුලොව කැඳවාගෙන යන්ට සැලැස්සුවා. රජතුමා මාතලීට කීවේ තමාගේ මනුලොව රාජ්‍යයනට පමුණුවන්ට කියා ය. මනුලොව පැමිණි සාධීන රජු උයනේ සක්මන් කරනු දැක උයන්පල්ලා ගොස් කරුණු විමසුවා. සාධීන රජු නැවත ආ වග වහා ගොස් නාරද රජුට දැනුම් දුන්නා. ඔහු එය අසා "එසේ නම් තොප කලින් ම ගොස් මටත් සාධීන රජුටත් ආසන දෙකක් පනවන්ට." යි කීවා. සාධීන රජු එය දැක ඒ අසුන් පනවන්නේ කාටද කියා උයන්පල්ලාගෙන් ඇසුවා.

"එකක් තමුන්නාන්සේට. අනෙක අපගේ රජුට." එතකොට සාධීන රජ 'මා ළඟින් අසුන් ගන්ට ඇහැකි අන් සත්වයෙක් කොයින් ද?' කියා එක් අසුනක වාඩි වුණා. අනිත් අසුනේ දෙපා තබාගත්තා. නාරද රජ ඇවිත් සාධීන රජුන්ගේ පා වැඳ එකත්පස් ව බිම හිඳගත්තා.

සාධීන රජුගේ සත්වෙනි පරම්පරාවට අයත් මුනුබුරෙක් වෙනවා මේ නාරද රජු. ඒ කාලේ මිනිසුන්ගේ ආයුෂ වසර සියයයි. සාධීන රජු එතෙක් කල් විසුවේ තමාගේ පින් බලයෙන්. ඔහු නාරද රජු අතින් අල්ලාගෙන උයනේ සක්මන් කරමින් මේ ගාථා පැවසුවා.

14. මේ තියෙන්නේ මා ඇවිද ගිය බිම නොවැ
    මෙතන දිය සොරොව්වත් තාම තියෙනවා
    ලස්සනට සැකසූ බිසෝකොටුවත් තියෙනවා
    ගලා යන ඇළදොළත් තවම යසට තියෙනවා

15. සක්වාලිහිණින්ගේ මියුරු නද තවමත් පැතිරෙනවා
    මනරම් සුදු රතු නෙළුම් නිලුපුල් තවම පිපෙනවා
    නමුත් එදා මා හා එක්ව වාසය කළ උදවිය කෝ?
    අනේ ඒ අය ගියේ කොයි දිසාවක දෝ?

16. උයන් බිම තවමත් මෙහි තියෙනවා
    මා විසූ තැන් ඒ සිත්කලු වනයන්
    තවම ලස්සනට තියෙනවා
    එහෙත් මා සමග එකට සිටි අය, පිරිවර කවුරුත්
    අද මෙහි පෙනෙන්නට නෑ, නාරද පුතේ,
    මේ හැම දිසාවක් මට, හිස් දෙයක් සේ පෙනේ

නාරද රජ සාධීන රජුට මෙය කියා සිටියා. "රජතුමනි, එය මෙහෙමනේ. දැන් තමුන්නාන්සේ දෙව්ලොවට වැඩම කොට වසර සත්සීයක් ගතවුණා. මං තමුන්නාන්සේගේ සත්වෙනි පනත්තා. තමුන්නාන්සේට උවටැන් කළ සියලු දෙනා ම මියගොස් බොහෝ කල්. දැන් ඉතින් තමුන් සන්තක මේ රාජ්‍යශ්‍රීය අනුහව කළ මැන."

"නෑ පුත්‍රය, මා මෙහි ආවේ ආයෙමත් රජකම් කරන්ට
නොවේ. හැකිතාක් පින් රැස්කර ගන්ටයි. මට ඕනෑ පින්
රැස් කරගන්ට විතරයි." යි මේ ගාථා පැවසුවා.

17. නාරද මයෙ පුතේ, මං තව්තිසා දෙව් විමන් දැක්කා
    සතර දිශාව ම බබළනවා, සක්දෙවිදුවත් මං දැක්කා
    තව්තිසාවේ අන් දෙවිවරුනුත් මං දැක්කා

18. සක්දෙවිදුගේ වෙජයන්ත මහා දෙවිපහයත් දැක්කා
    මං එහි විසුවා, මනුලොව කාටවත් නොලැබෙන
    දිව්‍ය කම්සුව මං එහි සිත්සේ වින්දා
    තව්තිසා දෙව්ලොව දෙව්කම්සුව පිරි ඉතිරි ඇතේ

19. තව්තිසා දෙවියන්ගෙ අසීමිත දෙව්සැප දැක
    මං මනුලොව ආවා පුතේ
    රැස් කළ පිනෙන් ම යි ඒ සියලු සැප තියෙන්නේ
    ඉතින් මටත් කුසල් දහම්හි හැසිරෙන්ටයි ඕනෑ
    මේ රජකමෙන් නම් මට පලක් නෑ පුතේ

20. සම්මා සම්බුදුවරු දහම් දෙසා තියෙන්නේ
    කිසිවෙකුටත් කිසිදු හිංසාවක් නැති මගක් නොවැ
    මෙත් කරුණා සිත් ඇති යම් මගක්
    අනුගමනය කොට යමෙක්, නිවනට පත්වේ නම්
    මටත් ඕනෑ ඒ සොඳුරු මග යන්ට ම යි

එතකොට නාරද රජ නැවත නැවතත් රාජ්‍යය භාර
ගන්ට කියා ආයාචනා කොට සිටියා. "නෑ පුතේ, මට රාජ්‍ය
පාලනයෙන් කිසි පලක් නෑ. මං දෙව්ලොව සිටිය සත්සිය
වසර සිහිකොට සත්දිනක් මහදන් දෙන්ට කැමතියි. එය
සලසා දීපං." එතකොට නාරද රජ දානය පිණිස සියලු දෑ

ඉතා ඉහළින් පිළියෙල කොට දුන්නා. සාධීන රජු ඉතාම සතුටින් සත්දිනක් මහදන් දී, සත්වෙනි දවසේ කලූරිය කොට තව්තිසා දෙව්ලොව උපන්නා.

භාග්‍යවතුන් වහන්සේ මේ දහම් කතාව පවසා "උපාසකයෙනි, උපෝසථ සිල් රකිනවා කියන්නේ මේ කියූ අයුරින් පුරුදු කළයුතු දෙයක්" යි පවසා චතුරාර්ය සත්‍ය ධර්මය වදාළා. එය අවසානයේ උපාසකවරුන්ගෙන් ඇතැමෙක් සෝවාන් ඵලයට පත්වුණා. තව අය සකදාගාමී වුණා. තවත් අය අනාගාමී ඵලයට පත්වුණා. "එදා නාරද රජ ව සිටියේ අපගේ ආනන්දයෝ. සක්දෙවිදු ව සිටියේ අපගේ අනුරුද්ධයෝ. සාධීන රජ ව සිටියේ මා ය" කියා භාග්‍යවතුන් වහන්සේ මේ සාධීන ජාතකය නිමවා වදාළා.

12. දස බ්‍රාහ්මණ ජාතකය
විවිධ ගතිගුණ ඇති බමුණන්
දසදෙනෙකුගේ කතාව

පින්වතුනේ, පින්වත් දරුවනේ,

ඔබට මතක ඇති සැවැත් නුවර කොසොල් රජ දුන් මහා අසදෘශ දානය ගැන. මේ කතාවෙන් කියවෙන්නෙත් ඒ ගැන යි.

ඒ දිනවල අප භාග්‍යවතුන් වහන්සේ වැඩවාසය කොට වදාළේ සැවැත් නුවර ජේතවනයේ. එදා කෝසල නිරිඳා ඒ අසදෘශ දානය පූජා කරගත්තේ අපගේ ශාස්තෲන් වහන්සේටත්, අභිඥාලාභී මහඍර්ධිමත් පන්සියයක් ශ්‍රාවක භික්ෂු සංසයාටත් ය. ඒ පිළිබඳව දම්සභා මණ්ඩපයේ රැස්වූ හික්ෂූන් වහන්සේලා කතා කරමින් සිටියා. ඒ අවස්ථාවේ භාග්‍යවතුන් වහන්සේ එතැනට වැඩම කොට වදාළා. තමන් කතා කරමින් සිටි කරුණ ඒ හික්ෂූන් භාග්‍යවතුන් වහන්සේට සැලකළා. භාග්‍යවතුන් වහන්සේ මෙය වදාළා.

"මහණෙනි, කෝසල නිරිඳා මා වැනි තථාගත අර්හත් සම්මා සම්බුදුවරයෙකුගේ උපස්ථායකයෙකු වශයෙන් සිට නුවණින් සලකා මහදන් දීම පුදුමසහගත දෙයක් නොවේ.

පුරාණ කාලයේ විසූ නුවණැති අය සම්බුදුවරුන්ගේ බණපදයක් නොඇසෙන අබුද්ධෝත්පාද කාලයකදී පවා නුවණින් විමසා දන් දුන්නා නොවැ." යි මේ අතීත කථාව ගෙනහැර දක්වා වදාළා.

ඉතා ඈත අතීතයේ කුරුරට ඉඳිපත් නුවර, යුධිෂ්ඨිල ගෝත්‍රයට අයත් කෝරව්‍ය නම් රජෙක් රාජ්‍ය කරමින් සිටියා. ඔහුගේ අර්ථධර්මානුශාසක පදවියේ සිට අනුශාසනා කළේ විදුර නම් ඇමතියෙක්. කෝරව්‍ය රජ සකල ජම්බුද්වීපය ම කළඹවමින් මහාදන් දුන්නා. නමුත් ඒ දානය පිළිගෙන අනුහව කරන අය අතුරෙන් පංචසීලයවත් රකින එක් අයෙක්වත් සිටියේ නෑ. සියලු දෙනා ම දුස්සීල යි. එනිසා දානය ගැන රජතුමා තුළ එතරම් සතුටක් තිබුණේ නෑ. දවසක් රජ 'මා අසා තියෙනවා නුවණින් විමසා දන් දෙන්ට ඕනෑ කියා. සිල්වත් ගුණවත් උතුමන්ට දන් දීම යුතුය කියා. මේක කොහොමද කරගන්ට ඕනෑ කියා මා දත්තේ නෑ. විදුර පණ්ඩිතයන් ආ විට අසන්ට ඕනෑ.' යි සිතා ඔහු උපස්ථානයට ආවිට අසුන් ගන්වා කාරණාව අසා සිටියා. එහි අරුත් පවසමින් හාග්‍යවතුන් වහන්සේ මේ ගාථාර්ථය වදාළා.

01. යුධිෂ්ඨිල රජ නුවණින් පින්කම් කරනු කැමති ව
    විදුර පණ්ඩිතයන්ගෙන් ඇසුවේය මෙකරුණ

02. විදුර පණ්ඩිත බමුණ, සිල් ගුණ දම් රකින
    යහපත් ධර්මය බොහෝ සෙයින් දැන උගත්
    පින්වත් සමණ බමුණන් මගේ දානය පිණිස
    සොයාගෙන එන්ට හැකි ද තොප හට?

03. මිතුර, මා පුදනා බොජුන්, යමෙක් වළඳත් නම්
මෙප්‍රනයෙන් ද වැළකී, බඹසර සිල් රකිත් නම්
දන් ලැබීමට සුදුසු, යම් උතුම් අයෙකුට
පිදුවිට මහත්ඵල දේ නම්, ඔවුන් දැකුමට මා කැමතිය

විදුර පණ්ඩිත :-

04. අනේ මහරජ, සිල් ගුණදම් සුරකින
බොහෝ සෙයින් යහපත් දහම් දන්නා
මෙප්‍රනයෙනුත් වැළකී, බඹසර සුරක ඉන්නා
යම් කෙනෙක් ඔබගේ දානය වළඳිත් නම්
එබඳු උත්තම බමුණන් සොයාගන්නට නැති තරම්

05. මහරජුනි, මේ දඹදිව බමුණු වර්ග දහයක් සිටිත්
ඔවුන් ගැන එකින් එක බෙදා විමසා බැලුවෙම්
ඒ ගැන පැහැදිලි කරමින් කියන මෙය ඇසුව මැන

06. කරේ එල්ලා යන මල්වල, රැස්කළ මුදල් ඇත පුරවා
බෙහෙත් ඕෂධ ඔතා දෙති, සෙත් පතා නහවති
යකැදුරන් සේ යන්ත්‍ර මන්ත්‍ර ද ජප කරත්

07. ඔවුන් සමවන්නේ වෙදුන්ට පමණ ය
නමුත් මහරජ ඔවුනුත් බමුණන් ලෙස පෙනී සිටිත්
ඔවුන්ට කිවයුත්තේ වෙද බමුණන් කියලයි
ඒ බමුණන්ටත් තොපගේ දනට ඇරයුම් කරන්ට ද?

කෝරව්‍ය රජ :-

08. විදුර පණ්ඩිතයෙනි, සැබෑ බමුණන්ට උරුම වූ
උතුම් ගුණයෙන් ඔවුන් වෙන් වී සිටිත් නොවැ
සැබෑ බමුණන් ලෙස ගණන් ගන්නට බෑ ඔවුන්

සිල් ගුණදම් රකින, බොහෝ ධර්මය දන්නා
වෙනත් බමුණන් ගැන, සොයා විමසා බලව

09. මිතුර, මා පුදනා බොජුන්, යමෙක් වළඳත් නම්
මෛත්‍රීයෙන් ද වැළකී, බඹසර සිල් රකිත් නම්
දන් ලැබීමට සුදුසු, යම් උතුම් අයෙකුට
පිදුවිට මහත්ඵල දේ නම්, ඔවුන් දැකුමට මා කැමතිය

විදුර පණ්ඩිත :-

10. රජුනි, තව බමුණෝ ඉන්නවා
කයෙහි ගෙජ්ජි බැඳ, කස්තලි ද ගෙන අතට
රජ ඇමතිවරු ඉදිරියේ, නොයෙක් යාදිනි යදිමින්
ඔවුන්ගේ පණිවිඩ පනත්, එකිනෙකාට ගෙන යමින්
රඟශිල්ප ආදියෙන් රජකුමරුන්ට උගන්වත්

11. ඔවුන් සම වෙති රාජපුරුෂයන් හා
ඔවුන්ට කිව යුත්තේ රාජසේවක බමුණෝ කියලයි
ඒ බමුණන්ටත් තොපගේ දනට ඇරයුම් කරන්ට ද?

කෝරව්‍ය රජ :-

12. විදුර පණ්ඩිතයෙනි, සැබෑ බමුණන්ට උරුම වූ
උතුම් ගුණයෙන් ඔවුන් වෙන් වී සිටිත් නොවැ
සැබෑ බමුණන් ලෙස ගණන් ගන්නට බෑ ඔවුන්
සිල් ගුණදම් රකින, බොහෝ ධර්මය දන්නා
වෙනත් බමුණන් ගැන, සොයා විමසා බලව

13. මිතුර, මා පුදනා බොජුන්, යමෙක් වළඳත් නම්
මෛත්‍රීයෙන් ද වැළකී, බඹසර සිල් රකිත් නම්
දන් ලැබීමට සුදුසු, යම් උතුම් අයෙකුට
පිදුවිට මහත්ඵල දේ නම්, ඔවුන් දැකුමට මා කැමතිය

විදුර පණ්ඩිත :-

14. මහරජුනි, තව බමුණු කොටසක් සිටිත්
පැන් කෙණ්ඩිය ඇතිව, වක්දණ්ඩ ගෙන අතට
ගම් දනව්හි සැරිසරා, යති ඔවුහු රජවරුන් සොයා
රජුන්ගෙන් නොයෙක් දෑ ඉල්ලා සිටිත් ඔවුන්
ඉදින් නොලැබුණෝතින්, ගමේ වුව වනයේ වුව
ඒවා දෙනතුරු නැගිටින්නේ නැත කියා හිඳගනිත්

15. ඒ උදවිය නිගා කරගන්නේ, සිය බමුණු බවට ම ය
ඔවුනුත් සැබෑ බමුණන් සේ හැමවිට පෙනී ඉන්නවා
ඔවුන් පිළිබඳවත් දැන් ඔබට මං කීවෙමි
එවැනි බමුණන්ටත් තොප දනට ඇරයුම් කරන්ටද?

කෝරව්‍ය රජ :-

16. විදුර පණ්ඩිතයෙනි, සැබෑ බමුණන්ට උරුම වූ
උතුම් ගුණයෙන් ඔවුන් වෙන් වී සිටිත් නොවැ
සැබෑ බමුණන් ලෙස ගණන් ගන්නට බෑ ඔවුන්
සිල් ගුණදම් රකින, බොහෝ ධර්මය දන්නා
වෙනත් බමුණන් ගැන, සොයා විමසා බලව

17. මිතුර, මා පුදනා බොජුන්, යමෙක් වළඳත් නම්
මෙඵනයෙන් ද වැළකී, බඹසර සිල් රකිත් නම්
දන් ලැබීමට සුදුසු, යම් උතුම් අයෙකුට
පිදුවිට මහත්ඵල දේ නම්, ඔවුන් දැකුමට මා කැමතිය

විදුර පණ්ඩිත :-

18. මහරජ, තව පිරිසක් සිටිත්, ඔවුන් මෙබඳු ය
කිසිලිවල දිගුලොම් වවාගෙන ඇත

නියපොතු ද දික්ව වවාගෙන ඇත
මැලියම් බැඳුණු දත් ඇත, ගත පුරා දූලි තවරා ඇත
අතට කබලක් ගෙන සිඟමනේ ඇවිද යති ඔවුන්

19. මහරජ, ඔවුන් පෙනෙන්නේ පිළිස්සී ගිය කණු සේ
තමනුත් බ්‍රාහ්මණයෝ කියමින් ඔවුනුත් පෙනී සිටිත්
ඔවුන් පිළිබඳවත් දැන් ඔබට මං කීවෙමි
එවැනි බමුණන්ටත් තොප දනට ඇරයුම් කරන්ටද?

කෝරව්‍ය රජ :-

20. විදුර පණ්ඩිතයෙනි, සැබෑ බමුණන්ට උරුම වූ
උතුම් ගුණයෙන් ඔවුන් වෙන් වී සිටිත් නොවැ
සැබෑ බමුණන් ලෙස ගණන් ගන්නට බෑ ඔවුන්
සිල් ගුණදම් රකින, බොහෝ ධර්මය දන්නා
වෙනත් බමුණන් ගැන, සොයා විමසා බලව

21. මිතුර, මා පුදනා බොජුන්, යමෙක් වළඳත් නම්
මෙප්‍රනයෙන් ද වැළකී, බඹසර සිල් රකිත් නම්
දන් ලැබීමට සුදුසු, යම් උතුම් අයෙකුට
පිදෙවිට මහත්ඵල දේ නම්, ඔවුන් දැකුමට මා කැමතිය

විදුර පණ්ඩිත :-

22. මහරජ, තවත් අය, අරළු නෙල්ලි අඹ ජම්බු ද
බුළු, දියලබු හා දැහැට් ද, බෙලි හා මසං ගෙඩි ද

23. කිරිපලු හා උක්දඬු, උක්පැණි හා දුම්පයිප්ප
මීපැණි හා අඳුන් ද, කුඩු මහත් තව වෙළඳ බඩුත්
විකුණමින් ඒ උදවිය, මිල මුදල් ම උපයනවා

24. මහරජ, ඔවුන් දිවි ගෙවන්නේ වෙළඳාම නිසයි
ඔවුන්ට කිව යුත්තේ වෙළෙන්දන් කියලයි
එනමුත් ඔවුන් බමුණෝ ලෙස පෙනී ඉන්නවා
ඔවුන් ගැනත් දැන් ඔබට මං කීවා
ඒ බමුණන්ටත් තොපගේ දනට එන්ට කියන්ට ද?

කෝරව්‍ය රජ :-

25. විදුර පණ්ඩිතයෙනි, සැබෑ බමුණන්ට උරුම වූ
උතුම් ගුණයෙන් ඔවුන් වෙන් වී සිටිත් නොවැ
සැබෑ බමුණන් ලෙස ගණන් ගන්නට බෑ ඔවුන්
සිල් ගුණදම් රකින, බොහෝ ධර්මය දන්නා
වෙනත් බමුණන් ගැන, සොයා විමසා බලව

26. මිතුර, මා පුදනා බොජුන්, යමෙක් වළඳත් නම්
මෙපුනයෙන් ද වැළකී, බඹසර සිල් රකිත් නම්
දන් ලැබීමට සුදුසු, යම් උතුම් අයෙකුට
පිදුවිට මහත්ඵල දේ නම්, ඔවුන් දැකුමට මා කැමතිය

විදුර පණ්ඩිත :-

27. මහරජ, තව පිරිසක් මෙවැනි දිවියක් ගෙවනවා
ගොවිතැන් ද කරනවා, වෙළහෙළඳාම් කරනවා
එළු බැටළුවන් ඇතිකර, තමන්ගෙ දුවරුන් මුදලට
ඔවුන් බන්දා දෙනවා, පුතුන්වත් බන්දා දෙනවා

28. ඔවුන් ගෙවන්නේ පැහැදිලිවම ගිහි දිවියක්
නමුත් පෙනී සිටින්නේ තමන් බමුණන් ලෙසටයි
ඔවුන් ගැනත් දැන් ඔබට මං කීවා
ඒ බමුණන්ටත් තොපගේ දනට එන්ට කියන්ට ද?

කෝරවා රජ :-

29. විදුර පණ්ඩිතයෙනි, සැබෑ බමුණන්ට උරුම වූ
උතුම් ගුණයෙන් ඔවුන් වෙන් වී සිටිත් නොවැ
සැබෑ බමුණන් ලෙස ගණන් ගන්නට බෑ ඔවුන්
සිල් ගුණදම් රකින, බොහෝ ධර්මය දන්නා
වෙනත් බමුණන් ගැන, සොයා විමසා බලව

30. මිතුර, මා පුදනා බොජුන්, යමෙක් වළදත් නම්
මෙප්‍රනයෙන් ද වැළකී, බඹසර සිල් රකිත් නම්
දන් ලැබීමට සුදුසු, යම් උතුම් අයෙකුට
පිදුවිට මහත්ඵල දේ නම්, ඔවුන් දැකුමට මා කැමතිය

විදුර පණ්ඩිත :-

31. මහරජ, ඇතැම් අය ගම්වල පුරෝහිතයන් ව සිට
මහජනයාගෙ නිති දන්වැට ගෙන්වා අනුහව කරත්
ජනයාත් නැකැත්,කේන්දර බලන්ට ඔවුන්වෙත යනවා
මුදලට ගවයන් කර අඹවනවා
ගව සිරුරේ නිල ලකුණු තියනවා
නිවෙස්වල ගවමහිසයන් එළ උහරන් ද මරනවා

32. මහරජුනි, ඔවුන්ගෙ හැසිරීම ගවසාතකයන් වගෙයි
තමනුත් බ්‍රාහ්මණයෝ කියමින් ඔවුනුත් පෙනී සිටිත්
ඔවුන් පිළිබඳවත් දැන් ඔබට මං කීවෙමි
එවැනි බමුණන්ටත් තොප දනට ඇරයුම් කරන්ටද?

කෝරවා රජ :-

33. විදුර පණ්ඩිතයෙනි, සැබෑ බමුණන්ට උරුම වූ
උතුම් ගුණයෙන් ඔවුන් වෙන් වී සිටිත් නොවැ
සැබෑ බමුණන් ලෙස ගණන් ගන්නට බෑ ඔවුන්

සිල් ගුණදම් රකින, බොහෝ ධර්මය දන්නා
වෙනත් බමුණන් ගැන, සොයා විමසා බලව

34. මිතුර, මා පුදනා බොජුන්, යමෙක් වළදත් නම්
මෙප්‍රනයෙන් ද වැළකී, බඹසර සිල් රකිත් නම්
දන් ලැබීමට සුදුසු, යම් උතුම් අයෙකුට
සිදුවිට මහත්ඵල දේ නම්, ඔවුන් දැකුමට මා කැමතිය

විදුර පණ්ඩිත :-

35. මහරජ, තව අය පලිහ දරා, කඩු අතට ගෙන
වෙළඳුන් යන මග මුරට ඉන්නවා
ගැල් වෙළඳුන්ගෙන් රිට සරිලන මුදල් ගන්නවා
සොර සතුරන්ගෙන් ඔවුන් මුදා
ගැල්මුල වනයෙන් එතෙර කරනවා

36. මහරජ, ඔවුන් ගොපලුන්ට සොරුන්ට සමානයි
තමනුත් බ්‍රාහ්මණයෝ කියමින් ඔවුනුත් පෙනී සිටිත්
ඔවුන් පිළිබඳවත් දැන් ඔබට මං කීවෙමි
එවැනි බමුණන්ටත් තොප දනට ඇරයුම් කරන්ටද?

කෝරව්‍ය රජ :-

37. විදුර පණ්ඩිතයෙනි, සැබෑ බමුණන්ට උරුම වූ
උතුම් ගුණයෙන් ඔවුන් වෙන් වී සිටිත් නොවැ
සැබෑ බමුණන් ලෙස ගණන් ගන්නට බෑ ඔවුන්
සිල් ගුණදම් රකින, බොහෝ ධර්මය දන්නා
වෙනත් බමුණන් ගැන, සොයා විමසා බලව

38. මිතුර, මා පුදනා බොජුන්, යමෙක් වළදත් නම්
මෙප්‍රනයෙන් ද වැළකී, බඹසර සිල් රකිත් නම්

දන් ලැබීමට සුදුසු, යම් උතුම් අයෙකුට
පිදුවිට මහත්ඵල දේ නම්, ඔවුන් දැකුමට මා කැමතිය

විදුර පණ්ඩිත :-

39. මහරජ, තව අය කැලේ කුටි හදාගෙන ඉන්නවා
කුට වැඩ කරමින් සතුන්ට උගුල් අටවනවා
තලගොයින්, සාවුන්, බල්ලුන්, මසුන්, ඉබ්බන්
ඔවුන් අල්ලාගෙන මරා කෑමට ගන්නවා

40. මහරජ, ඔවුන්ගෙත් වැද්දන්ගෙන් වෙනසක් නෑ
තමනුත් බ්‍රාහ්මණයෝ කියමින් ඔවුනුත් පෙනී සිටිත්
ඔවුන් පිළිබඳවත් දැන් ඔබට මං කීවෙමි
එවැනි බමුණන්ටත් තොප දනට ඇරයුම් කරන්ටද?

කෝරව්‍ය රජ :-

41. විදුර පණ්ඩිතයෙනි, සැබෑ බමුණන්ට උරුම වූ
උතුම් ගුණයෙන් ඔවුන් වෙන් වී සිටිත් නොවැ
සැබෑ බමුණන් ලෙස ගණන් ගන්නට බෑ ඔවුන්
සිල් ගුණදම් රකින, බොහෝ ධර්මය දන්නා
වෙනත් බමුණන් ගැන, සොයා විමසා බලව

42. මිතුර, මා පුදනා බොජුන්, යමෙක් වළඳත් නම්
මෛත්‍රීනයෙන් ද වැළකී, බඹසර සිල් රකිත් නම්
දන් ලැබීමට සුදුසු, යම් උතුම් අයෙකුට
පිදුවිට මහත්ඵල දේ නම්, ඔවුන් දැකුමට මා කැමතිය

විදුර පණ්ඩිත :-

43. මහරජ, ධනය උපයන්ට ආස තවත් අය ඉන්නවා
මාරක අපල දුරු කරන්නම් කියා වටිනා යහන්

සත් රුවනින් සරසා ඒ ඇඳන් යට නිදාගෙන
ආතුරයා ඇඳ මත සතපවා සෙත් ශාන්ති කරනවා
යාගහෝම කරමින් ඇඳේ සැතපුනු රජුන් නාවනවා
ඉන් පසු බමුණන් ඒ ඇඳ ගෙදර ගෙනියනවා

44. මහරජ, ඔවුන් අනුන්ගේ කුණු සෝදා නාවන අයයි
තමනුත් බ්‍රාහ්මණයෝ කියමින් ඔවුනුත් පෙනී සිටිති
ඔවුන් පිළිබඳවත් දැන් ඔබට මං කීවෙමි
එවැනි බමුණන්ටත් තොප දනට ඇරයුම් කරන්ටද?

මෙසේ විදුර පණ්ඩිතයන් එකල ජීවත් වූ බ්‍රාහ්මණයන්
ජීවිකාව ගත කරන ආකාරය පහදා දී සැබෑ ම වූ, සත්‍ය ම
වූ බ්‍රාහ්මණයා කවුරුදැයි පෙන්වමින් මේ ගාථාවන් කීවා.

45. මහරජ, යමෙක් තොපගේ රස බොජුන් වළඳිත් ද
මෛථුනයෙන් තොර බඹසර සිල් සුරකිමින්
සිල්ගුණදම් ඇති, බොහොසේ ඇසූ දහම් ඇති
උතුම් බමුණෝ මේ ලොව වසනවා
ඔවුන් දන් වළඳන්නේ උදේ වරුවේ පමණයි
මද්‍යපානය ඔවුන් නෑ කිසිදා කරන්නේ
නියම බමුණන් ගැන දැන් මං ඔබට කීවේ
එබඳු බමුණන්ට ඔබේ දනට ඇරයුම් කරන්ට ද?

එය අසා රජතුමා මහත් සතුටට පත්වුණා. "අනේ
මිතුර, තොප කියූ ආකාරයේ දන්පැන් පිළිගැනීමට ඉතාම
යෝග්‍ය වූ උතුම් බ්‍රාහ්මණයන් ඉන්නේ කොහේද?"

"මහරජ, උතුරු හිමාලයේ නන්දමූලක පර්වත
පාමුලයි ඒ උත්තමයන් වැඩවසන්නේ." "අනේ එහෙනම්
විදුර පණ්ඩිතය, තොපගේ බලයෙන්වත් මගේ දානයට

ඒ බ්‍රාහ්මණයන් වඩමවා දෙන්න” යි කියා සතුටින් මේ
ගාථාව පැවසුවා.

46. පණ්ඩිතය, තොප කියූ ඒ උතුම් සිල් ගුණදම් ඇති
      ඇසූ පිරූ දහමත් ඇති උතුමන් බමුණෝ ම යි
      ඔවුන් සිටිනා තැන වහා සොයා
      ඇරයුම් කරන්ට ම ඕනෑ මා පුදන දානයට

එතකොට විදුර පණ්ඩිත රජුගේ වචනය පිළිගත්තා.
“එහෙමනම් මහරජාණෙනි, ඉන්ද්‍රප්‍රස්ථ නගරය හොඳින්
අලංකාර කරන්ට ඕනෑ. සියලු නගරවාසීන්ට ‘දන් දී,
උපෝසථ සිල් අධිෂ්ඨාන කොට, සීලසම්පන්න වව්’
කියා අඬබෙර පතුරුවන්තත් ඕනෑ. නුඹවහන්සේත්
පිරිවර සමග පෙහෙවස් සමාදන් වෙන්ට ඕනෑ.” යි
පවසා විදුර පණ්ඩිතයාත් උදෑසන ම ආහාර අනුභව
කොට, පෙහෙවස් සමාදන් වී, සවස් යාමයේ සුවඳ මල්
පිරුණු බඳුනක් ගෙන, පසේබුදුවරුන් සිහිකොට, රජු
සමග උතුරු හිමවත් පෙදෙස බලා පසඟ පිහිටුවා වැඳ,
‘උතුරු හිමවත නන්දමූලක පර්වත බෑවුමේ වැඩඉන්නා
පසේබුදුන් පන්සියනමක් දෙනා වහන්සේ හෙට දිනයේ
අපගේ දානයට වඩින සේක්වා!’ යි මල් අතමිටක් ගෙන
අහසට විසුරුවා දැම්මා.

ඒ මල් සියල්ල අහසින් ගියා. නන්දමූලක පර්වත
බෑවුමේ වැඩහුන් පන්සීයක් පසේබුදුන් වහන්සේලා මත
විසිරුණා. උන්වහන්සේලා මේ කිමැයි විමසා බලද්දී විදුර
පණ්ඩිතයන් විසින් දානය සඳහා කරන ලද ඇරයුමක්
බව වැටහුණා. “හෝ... මේ විදුර පණ්ඩිතයා සාමාන්‍ය
සත්වයෙක් නොවෙයි. බුද්ධාංකුර බෝධිසත්වයෙක්.

මේ කල්පයේ ම සම්මා සම්බුදුබව ලබන මහා පින්වතා නොවැ. මොහුට සංග්‍රහ කරන්ට ම ඕනෑ." යි ඒ ඇරයුම පිළිගත්තා. විදුර පණ්ඩිතයා අහසින් මල් ගිය බව දැක "මහරජ, සැබෑම බ්‍රාහ්මණයන් වහන්සේලා පන්සිය නමක් හෙට දානයට වඩින්ට නියමිතයි. උන්වහන්සේලාට හොඳින් සත්කාර සම්මාන කරන්ට ඕනෑ" යි කියා දැනුම් දුන්නා.

රජතුමා පසුවදා උඩුමහල් තලය ඉතාම අලංකාර ලෙස සරසා, ආසන පනවා, මල් විසුරුවා, මනා සත්කාරයන් පිළියෙල කළා. පසේබුදුවරයන් වහන්සේලා අනෝත්තත විලෙන් සිරුරු පිළිදැගුම් කොට, සුදුසු වේලාවේ අහසින් අවුත් රජමිදුලට වැඩම කළා. උන්වහන්සේලාව දුටු පමණින් රජුත් විදුර ඇමතියාත් මහත් සේ ප්‍රීතියෙන් පිනා ගියා. උන්වහන්සේලාගේ පාත්‍රා අතින් ගෙන ප්‍රාසාදයට වඩමවා, රන්කෙණ්ඩිය දකුණතින් ගෙන පැන් වත්කොට උන්වහන්සේලාගේ අත් දක්ෂිණෝදකයෙන් සේදුවා. ප්‍රණීත ආහාරපානාදියෙන් සන්තර්පණය කෙරෙව්වා. දන් වළඳා අවසානයේ හෙට දවසේ දානය පිණිසත් ඇරයුම් කළා. මෙසේ සත් දවසක් මහදන් දී සත්වෙනි දා සියලු පිරිකර සමගින් දන් දුන්නා. උන්වහන්සේලාත් භුක්තානුමෝදනා බණ වදාරා අහසින් ම හිමවතට වැඩියා.

භාග්‍යවතුන් වහන්සේ මේ කතාව දේශනා කොට "මහණෙනි, මෙකල මාගේ උවටැන්කරුවෙකු වශයෙන් සිට කෝසල නිරිඳා නුවණින් විමසා පින්කෙත හඳුනාගෙන දන් දීම ආශ්චර්යයක් නොවේ. සම්බුදුවරුන් පහළ නොවූ කාලයේ පුරාණයේ සිටි නුවණැතියෝ සිය නුවණින් විමසා දන් දී තියෙනවා. එදා කුරුරට ඉඳිපත් නුවර

යුධිෂ්ඨිල කෝරවා රජු ව සිටියේ අපගේ ආනන්දයෝ. රජුට අර්ථධර්මානුශාසක ව සිටි විදුර පණ්ඩිත වූයේ මා ය" කියා මේ දස බ්‍රාහ්මණ ජාතකය නිමවා වදාළා.

13. හික්බාපරම්පර ජාතකය

පිණ්ඩපාත දානය උරුමක්කාරයාට ලැබීම ගැන කතාව

පින්වතුනේ, පින්වත් දරුවනේ,

දානාදී පින්කම් කිරීමේදී ඇතැම් අය තුල ඉතා වටිනා අදහස් ඇතිවෙනවා. මෙය එබඳු කතාවක්. ඒ දිනවල අප භාග්‍යවතුන් වහන්සේ වැඩවාසය කොට වදාළේ සැවැත් නුවර ජේතවනයේ. එකල සැවැත් නුවර වාසය කළ එක්තරා උපාසකයෙක් තුනුරුවන් කෙරෙහි බලවත් ශ්‍රද්ධාවෙන් යුතුව නිතර නිතර බුද්ධ ප්‍රමුබ හික්ෂු සංසයාට දානාදී පූජා සත්කාරයන් පැවැත්තුවා.

දවසක් ඔහු මෙසේ කල්පනා කළා. 'මං උතුම් බුද්ධ රත්නයටත්, මහා සංස රත්නයටත් ප්‍රණීත භෝජනාදිය පුදමින් පූජා සත්කාරයන් නිතර පවත්වනවා. නමුත් ධර්ම රත්නයට එවන් පූජා සත්කාරයක් කරන්ට මට බැරිවුණා. මං කොහොමද ඒක කරගන්නේ?' යි සිතා ජේතවනයට ගොස් භාග්‍යවතුන් වහන්සේ බැහැදැක සුවඳ මල් පුදා මෙය කීවා. "ස්වාමීනී භාග්‍යවතුන් වහන්ස, මං ධර්ම රත්නයට පූජා සත්කාරයක් කරන්ට හරි කැමතියි. අනේ ස්වාමීනී, මං එය කරන්ට ඕනෑ කෙසේද?"

"උපාසක, ඉදින් ඔබ ධර්ම රත්නයට පූජා සත්කාරයක් කරන්ට සතුටු නම්, ධර්ම භාණ්ඩාගාරික අපගේ ආනන්දයෝ ඉන්නවා නොවැ. ඒ ආනන්දයන්ට සත්කාර කරන්ට."

උපාසක ඉතා සතුටු වුණා. අනඳ මහතෙරුන්ට ඇරයුම් කොට, නිවසට වඩමවාගෙන, ඉතා වටිනා අසුනක වඩාහිදුවා, සුවඳ මලින් පුදා, නොයෙක් ප්‍රණීත භෝජනාදියෙන් පාත්‍රය පුරවා, තුන් සිවුරකට වටිනා වස්ත්‍රයකුත් සහිතව "ස්වාමීනී, මං මෙය පූජා කරන්නේ උතුම් ධර්ම රත්නයට යි" කියා පූජා කරගත්තා.

ඒ පිණ්ඩපාත දානයත්, වස්ත්‍රයත් රැගෙන අනඳ තෙරුන් වඩින අතරේ මෙය සිතුවා. 'ඒ උපාසක මේ සත්කාරය කළේ ධර්ම රත්නයට යි. එනිසා මේ පිණ්ඩපාතයත්, වස්ත්‍රයත් සුදුසු මට නොවේ. අග්‍ර වූ ධර්ම සේනාධිපති සැරියුත් මහතෙරුන්ට යි.' යි සිතා කෙලින් ම සාරිපුත්තයන් වහන්සේ වෙත එළඹ එකරුණ පවසා ඒ පිණ්ඩපාතයත්, වස්ත්‍රයත් උන්වහන්සේට පූජා කළා.

එය අතට ගත් අපගේ සාරිපුත්තයන් වහන්සේ මෙය සිතුවා. 'මේ සත්කාරය කොට තියෙන්නේ ධර්ම රත්නයට නොවැ. මෙය මටත් සුදුසු නෑ. මෙය ඒකාන්තයෙන් ම සුදුසු වන්නේ ධර්මස්වාමී වූ, දසබලධාරී, තථාගත සම්බුදුරජාණන් වහන්සේට ය. උන්වහන්සේට ම ය මෙය සුදුසු.' යි සිතා භාග්‍යවතුන් වහන්සේ වෙත ගොස් පිණ්ඩපාත දානයත් වස්ත්‍රයත් පූජා කළා. එවිට අප භාග්‍යවතුන් වහන්සේ ඒ දානය පිළිගැනීමට තමාට වඩා යෝග්‍ය වූ අන් කිසිවෙකුත් නොදැක ඒ පිණ්ඩපාත දානය

වැළඳුවා. සිවුරු පිණිස පිදූ වස්ත්‍රයත් පිළිගත්තා.

එදා දම්සභා මණ්ඩපයේ රැස්වූ භික්ෂූන් වහන්සේලා මේ සිදුවීම පිළිබඳ කතා කරමින් සිටියා. "අනේ ඇවැත්නි, අද හරි ආශ්චර්ය දෙයක් වුණා නොවැ. අසවල් උපාසක ධර්ම රත්නයට සත්කාර කරන්ට ඕනෑ ය කියා අපගේ අනඳ තෙරුන් වඩමවා දානයක් දීලා. අනඳ තෙරණුවෝ එය පිළිගෙන ඇවිත් 'මෙය සුදුසු මට නොවේ ය. ධර්ම සේනාධිපතීන් වහන්සේට ය' කියා සැරියුත් තෙරුන්ට පූජා කරගෙන. එතකොට අපගේ සැරියුත් තෙරණුවෝ 'මෙය සුදුසු මට නොවේ ය. ධර්මස්වාමී වූ දසබලධාරී තථාගතයන් වහන්සේට ය' කියා අප භාග්‍යවතුන් වහන්සේට පූජා කළා නොවැ. අන්තිමේදී ධර්ම රත්නයට කළ පූජා සත්කාරය ධර්මස්වාමීහුගේ පාදමූලයට ම පැමිණියා නොවැ!"

ඒ අවස්ථාවේ අප භාග්‍යවතුන් වහන්සේ එතැනට පැමිණ වදාළා. භික්ෂූන් වහන්සේලා තමන් කතා කරමින් සිටි කරුණ භාග්‍යවතුන් වහන්සේට සැලකළා. එවිට භාග්‍යවතුන් වහන්සේ "මහණෙනි, පිණ්ඩපාත දානය සැබෑ උරුමක්කාරයා වෙත ගියේ දැන් පමණක් නොවේ. පෙර බුදුවරු නූපන් කාලයෙත් එහෙම දෙයක් වුණා." යි මේ අතීත කතාව ගෙනහැර දක්වා වදාළා.

"බොහෝ ඈත අතීතයේ බරණැස් පුර බ්‍රහ්මදත්ත නම් රජෙක් සතර අගතියෙන් තොර ව, දසරාජධර්මය නොඉක්මවා, දැහැමි ව රාජ්‍ය පාලනය කළා. ඒ හේතුව නිසා ආරවුල් කිසිවක් නැති හේතුවෙන් අධිකරණය හිස්වුණා. 'නමුත් කාට හෝ යම් සාධාරණයක් ඉටු නොවී

ඈද්ද, ඒ හේතුවෙන් මට නින්දා කරත් දැයි සොයා බලන්ට ඕනෑ' යි සිතා, මාලිගය ඇතුළත්, ඇතුළුනුවරත්, නගර ගම්දනව්වලත් එවැනි නුගුණ කියන අය සොයා බැලුවත් කිසිවෙකු දකින්ට ලැබුණේ නෑ. නමුත් ඈත ජනපදවල ඉන්ට ඉඩ ඈතැයි සිතා රාජ්‍යය ඇමතිවරුන්ට පවරා දී පුරෝහිතත් සමග නන්නාදුනන මිනිසුන්ගේ වේශයෙන් රටේ සැරිසැරුවා. එහෙත් කිසිවෙකු හමුවුණේ නෑ. ඈත පිටිසර ගමකට ගොහින් එක් නියම්ගමකට පැමිණ අම්බලමක පිටත වාඩි වී උන්නා.

ඒ වෙලාවේ නියම්ගම්වැසි අසූකෝටියක ධනය ඈති එක් ගෘහපතියෙක් මහත් පිරිවරින් නානතොටට යමින් සිටියා. සාලාවේ වාඩිවී හුන් රන් පැහැ සැපවත් සිරුරක් ඇති අමුත්තාව දැක ඔහු ගැන මහත් ස්නේහයක් උපන්නා. ඔහු වෙත ඇවිත් 'ඔයා ඔතන ම ඉන්ට' කියා වහා තම නිවසට ගොස් නා නා රසැති අග්‍ර භෝජන සිළියෙල කරවාගෙන, ඒ බත් බඳුන් ගෙන මහත් පිරිවරින් යුතුව නැවත අම්බලමට ආවා. එතන සිටින්නේ තමන්ගේ රජු බව හඳුනාගත්තා.

එසැණින් ම පංච අභිඥාලාභී එක් තවුසෙක් හිමාලයේ සිට අහසින් අවුත් රජු අසලින් වාඩිවුණා. ඒ සමග ම උතුරු හිමාලයේ නන්දමූලක පර්වතයේ සිට පසේබුදුවරයෙක් ද ඇවිදින් එතන වාඩි වුණා. ගෘහපතියා ඒ ශෝභාසම්පන්න රජතුමාගේ දෑත් සෝදා ගැනීමට දිය දී, ප්‍රණීත සූප ව්‍යංජනාදියෙන් යුතු අග්‍ර රස භෝජනය තලියක සකසා රජුගේ අතට දුන්නා.

රජතුමා එය ගෙන තමා අසල සිටි පුරෝහිත බ්‍රාහ්මණයාට දුන්නා. පුරෝහිත බ්‍රාහ්මණයා එය ගෙන

ඉර්ධිමත් තවුසාට දුන්නා. ඉර්ධිමත් තවුසා වම් අතින් ආහාර බඳුන ගෙන, දකුණතින් පැන් කෙණ්ඩිය ගෙන පසේබුදුන්ගේ දකුණු අත සේදීම පිණිස දක්ෂිණෝදකය දුන්නා. අනතුරුව ආහාර බඳුන පසේබුදුන් අත තිබූ පාත්‍රයට බෙදුවා.

පසේබුදුන් වහන්සේ කා සමගවත් කතාබහ කළේ නෑ. තමා ලද ඒ බොජුන අනුන්ට වළඳන්ට කීවේත් නෑ. තනියම වැළඳුවා. එතකොට ගෘහපතියා මෙය සිතුවා. 'මං මේ ආහාරය පිළියෙල කළේ පින්වත් රජතුමාට යි. නමුත් ඔහු තමා අසල සිටි බ්‍රාහ්මණයාට දුන්නා. ඔහු එය තාපසයාට දුන්නා. තාපසයා දැමුණු ඉඳුරන් ඇති මේ ශාන්ත භික්ෂුවට දුන්නා. ඔහු කිසි වගක් නැතිව තනියම එය වැළඳුවා!

මෙපමණ ප්‍රණීතව සැකසූ දානය, කා සමගවත් කතාබහක් නැති මේ ශ්‍රමණයා තනිව වැළඳුවේ ඇයි ද කියා අසන්ට ඕනෑ' යි සිතා ඒ හැම කෙනාට ම ගරුසරු දක්වා පිළිවෙළින් අසන්ට පටන් ගත්තා.

ගෘහපතියා :-

01. ඉතා මනහර පහයක, සැප පහසු යහන්වල
සැපසේ කල් ගෙවූ මහරජ, සිය රජය අත්හැර
මේ පසල්දනව්වට වැඩි බව, මං හඳුනගත්තා

02. නුඹවහන්සේ ගැන සිත උපන් සෙනෙහසින්
සුවඳ ඇල්සහල් බත් පිස, සූප ව්‍යංජන සකසා
මධුර මස් රස ඇතිව, සොඳුරු බත සකසා
නුඹවහන්සේට ඉතා සතුටින් පිදුවෙමි

03. අහර බඳුන සතුටින් පිළිගත් නුඹවහන්සේ
තමා අසල හුන් බමුණාට දුන්නා නොවැ
මහරජුනි, තොපට නමස්කාර වේවා!
මෙය කවර නම් දහමක් දැයි පහදා දුන මැනව

රජතුමා :-

04. මිත්‍රය, මේ බමුණා, මගේ ආචාර්යවරයා ය
කුඩාමහත් හැම කටයුතු, හොඳින් විමසා බලයි මොහු
මා විසින් ගරු කළයුතු මොහු දානයට නිස්සෙකි
මා ලද බොජුන ලැබුමට ඉතාමත් සුදුසු ය මොහු

ගෘහපතියා :-

05. ගෞතම ගෝත්‍රයෙහි උපන් රාජපූජිත බමුණ,
නුඹවහන්සේගෙන් මම් දැන් යමක් විමසම්
මධුර මස් රස ඇති, සූප ව්‍යංජන ඇති
මා සැදූ බත රජුට දුන්නා, රජු එය ඔබට දුන්නා

06. මධුර බත පිළිගත් තොප, ඉර්ධිමත් තවුසාට දුන්නා
කිම දන් පිළිගැනුමට, තොප දැන් නුසුදුසු ද?
බමුණ, තොපහට නමස්කාර වේවා!
මෙය කවර නම් දහමක් දැයි පහදා දුන මැනව

පුරෝහිත බ්‍රාහ්මණයා :-

07. මිතුර, මා ගිහියෙකි, අඹුදරුවන් ද රකිමින්
කෙලෙස් සහිත ව ගිහිගෙදර වසන්නෙකි
මනුලොව ඇති කාමසම්පත් විඳිනයුරු
පවසා රජුට උපදෙස් දෙන්නේ මා ය

08. මහවනයේ බොහෝ කල් වැස
කෙලෙස් තවමින් තපස් කරමින්

වැඩුණු ගුණදම් ඇති මේ ඉසිවරයා හට
මා ලද බොජුන පුද කිරීමට සුදුසු වෙමි මම

ගෘහපතියා :-

09. අනේ මං අසන්නේ, දැන් මේ ඉසිවරයාගෙනි
තොප ඉතා කෙට්ටු ය, නහරවැල් ඉල්පී ඇත
කිසිල්ලේ ලොම් වැවී ඇත, දත් මැලියම් බැඳී ඇත
හිස ධූලි ද තැවරී ඇත

10. හුදෙකලා ව ම වනයේ නෙවෙද තොප වසන්නේ?
ඇයි දැන් ජීවිතය එපා වී දෝ සිටින්නේ?
යමෙකු විසින් තොපට, දුන්නා ය මිහිරි බොජුනක්
තොප එය පිළිගෙන ඇයි මේ හික්ෂුවට දුන්නේ?
පින්වත් තවුස, තොපට නමස්කාර වේවා!
මේ හික්ෂුව තොපට වඩා කුමකින් ද උතුම් වන්නේ?

ඉර්ධිමත් තවුසා :-

11. වනයේ සිටින මං අලවර්ගත් තල් අලත් සාරනවා
හිඟුරලත් බතලත් පොළොව කැණ සාරනවා
උ‍ෘරුහැල් බඩහමු ආදියත් කුටියේ රැස් කරනවා

12. පලාකොළ, නෙළුම් අල, මීපැණි දඬමස් ද ලැබ
මසං ගෙඩිත් නෙල්ලි ආදියත් කමින් එහි වසනවා
වනයේ සිටින මා ළඟ එවැනි ආහාර තියෙනවා

13. ලිප් බැඳ අල කොළ තම්බා මං කෑමට ගන්නවා
නමුත් මේ හික්ෂුව ලිප් බැඳ අහර නොපිසයි
තමාගේ ඉදුරන්ටවත් කිසි අයිතියක් නොකියයි
කිසිවකට ආසාවක් නැති සිතින් වාසය කරයි

නුදුන් දේ නොගනියි, දුන් දෙය පමණක් ගනියි
මේ පසේබුදුන් හට ඒ කරුණු හේතුවෙන්
මා ලද බොජුන පුද කිරීමට සුදුසු වෙමි මම

ගෘහපතියා :-

14. මෙතෙක් කල් නිහඬ ව, ඉතා සංවර ව සිටිනා
පින්වත් හික්ෂුව, මම ඔබෙන් මෙය අසමි
මධුර මස් රස ඇති, සුප ව්‍යංජන ඇති
ඉතා රසවත් ඒ බත, තවුසාට ලැබුණවිට
ඔහු තොපගේ පාත්‍රයට, ඒ සියලු ආහාර බෙදුවා

15. තනිවම එය පිළිගෙන, වැළඳුවා නොවැ තනිවම
එයින් කිසිවක් දෙන්ට ඇසුවේ නෑ කිසිවෙකුගෙන්
පින්වත් හික්ෂුව, තොපට නමස්කාර වේවා!
මේ කවර ධර්මයක් දැයි පහදා දුන මැනව

පසේබුදුවරයාණෝ :-

16. මං අහර නොපිසමි, අනිකෙකු ලවාත් නොපිසවමි
ගස් කොළං නොසිඳලමි, අනුන් ලවාත් නොසිඳවමි
කිසිම දේකට නොබැඳී, හැම පාපයෙන් වෙන් වී
වසන්නෙකු ලෙස මා ගැන, දැනගත්තානෙ තවුසා

17. වමතින් අහරබඳුන ගෙන, දකුණතින් කෙණ්ඩිය ගෙන
අත සෝදන්ට දිය දී, මියුරු මස් රස ඇති
සුප ව්‍යංජන ඇති, බොජුන ඔහු වෙත ලැබුණු
පිදුවා නොවැ මගේ පාත්‍රයට

18. තමා පරිහරණ කරන දේ ගැන
මේ තවුසා තුළ ඇත මමත්වය

මමත්වය නොමැති අයෙකුට
සිය බොජුන දන් දෙන්නට
මොහු තුළ සුදුසුකම ඇත
යමෙකුට දෙනක් දුන්විට
එය තමා අනුභව නොකොට
යළි දුන් කෙනාට ම දෙයි නම්
එය නොගැලපේ ම ය දහමට

සියල්ලන්ගේ පිළිතුරු අසා සිටි ගෘහපතියා මහත් සේ
සතුටට පත්වුණා. සතුටින් ඉපිල ගිය ඔහු මේ ගාථාවන්
පැවසුවා.

19. ඒකාන්තයෙන් ම අද මට යහපත පිණිස ම ය
මහරජුනි, තොප මෙහි සැපත් වූයේ
යමෙකුට පුදන දන, මහත්ඵල ලැබ දේ නම්
මෙලෙසින් මීට පෙර, ඒ ගැන නොදැන සිටියෙමි

20. ලොව සිටින රජවරු, අන් රටවලට ගිජු වෙති
පුරෝහිත බමුණෝ ද, රජ සේවයට ගිජු වෙති
වනයේ සිටින සෘෂිවරු, අල ආදියට ගිජු වෙති
එහෙත් මේ පසේබුදුවරු, කිසිවකට ගිජු නොවෙති
සියලු ආශාවෙන් මිදී, නිකෙලෙස් සිතින් පසුවෙති

එවිට පසේබුදුන් වහන්සේ අනුමෝදනා බණ වදාරා
හිමාලයට වැඩියා. තවුසාත් හිමාලය බලා පිටත් වුණා.
දින කීපයක් ඔහු සමීපයේ සිටි රජතුමා යළි බරණැස
බලා පිටත් වුණා.

භාග්‍යවතුන් වහන්සේ මේ කතාව පවසා "මහණෙනි,
පිණ්ඩපාත දානය ක්‍රමයෙන් ඇවිත් උරුම තැනට ලැබුණේ

දැන් පමණක් නොවේ. පෙරත් එසේ ම වුණා. මහණෙනි, එදා ප්‍රණීත ආහාරය පිළියෙල කළ ගෘහපතියා ව සිටියේ අද ධර්ම රත්නයට පුද සත්කාර කළ උපාසක ය. රජු ව සිටියේ අපගේ ආනන්දයෝ. පුරෝහිත ව සිටියේ අපගේ සාරිපුත්තයෝ. ඉර්ධිමත් තවුසා ව සිටියේ මා ය" කියා භාග්‍යවතුන් වහන්සේ මේ හික්ඛාපරම්පර ජාතකය නිමවා වදාළා.